# MODESTOS

# ENSAYOS

*Àlvaro Gómez*

*A las personas que están comprometidas con las ideas que promueven la comprensión, compartimiento y tolerancia.*

# ÍNDICE

## RECONOCIMIENTO

Gracias a Thomas Long y Willem Van Groenou, quienes fueron mis profesores en la Universidad y que sus conferencias me enseñaron a articular la mayoría de los ensayos presentados en este libro. Asimismo, agradezco a todas aquellas personas que de alguna forma u otra han apoyado mis proyectos.

# Introducción

Cuando las situaciones difíciles se convierten en parte de nuestras vidas, como seres humanos tendemos a preguntarnos ¿Qué está pasando y por qué?

Después que planteamos estas preguntas, podemos empezar el proceso de analizar nuestras propias decisiones, las decisiones de otras personas y el resultado de ello. A veces, fácilmente podemos llegar a conclusiones que no son necesariamente verdaderas. Para tener una idea clara del asunto, es importante obtener información que refleje la base de nuestra preocupación.

Algunas personas usan el sentido de la lógica para resolver los problemas, otras personas pueden utilizar sus propias expe riencias y algunas sugerencias de personas expertas en sus correspondientes áreas.

Específicamente, es necesario señalar que durante estos últimos años muchas personas perdieron sus casas y sus empleos debido a la crisis económica. Esta crisis sin duda ha causado muchos estragos en la vida de las personas. Por tal razón, es necesario tener una comprensión sobre este y otros temas.

Modestos Ensayos, es un libro formado por una antología de ensayos escritos cuando estaba asistiendo a CSUEB (Universidad Estatal de California del Este de la Bahía) en Hayward. Gran parte de los ensayos están formados por los conceptos e ideas presentados en las clases que asistí con los profesores Thomas Long y Willen Van Groenou.

Los ensayos abordan diferentes temas que afectan la vida diaria de las personas. Existen temas como: *Psicología de los grupos y comportamiento humano; El sistema de red y el superego; El ocio, lo básico de la cultura; Simmel y Mead en psicología social; Ideas y conceptos de Keyne; Las finanzas y la crisis económica de Estados Unidos del año 2008; La identidad*

12

*individual y colectiva;* y *Seis enfoques respecto a la pobreza económica.*

En el ensayo *Psicología de los grupos y comportamiento humano*, se aborda las diferentes formas de comportamiento del ser humano basado en las relaciones de grupo e individual.

Otro ensayo interesante es *El sistema de red y el sí mismo,* el cual señala que el sistema de red se enfoca en el aprovechamiento de las fuerzas políticas, económicas y culturales para la productividad de la sociedad, mientras el *sí mismo* es el ancla que mantiene el poder local en las comunidades.

Con respecto al ensayo *El ocio, lo básico de la cultura,* presenta que dicha palabra y acción ha cambiado de significado en el periodo moderno, sin embargo, para los antiguos griegos era esencial en sus vidas.

*Simmel y Mead en psicología social,* es otro ensayo que también trata del comportamiento de los seres humanos en las ciudades metropolitanas, y cómo la autonomía y el individualismo son cruciales para dichos comportamientos.

Ideas y conceptos de Keynes y La crisis económica de Estados Unidos del 2008, son dos ensayos que abordan los orígenes de las crisis económicas recientes y las que han ocurrido muchas décadas atrás. También hacen referencia sobre cómo funciona el sistema financiero en los Estados Unidos de Norte América.

*La sociedad de riesgo y la sociedad de individualización,* es otro ensayo que nos indica que existe un concepto que sugiere que en la sociedad vivimos en un permanente riesgo. Al mismo tiempo, nos presenta el concepto de cómo el individualismo es definido como un proceso social que tiene como base la educación.

Por último, está el ensayo *Seis enfoques respecto a la pobreza económica,* el cual aborda los variados conceptos sobre el origen de la pobreza en nuestra sociedad.

*Modestos Ensayos* fue escrito entre los años 2011 y 2012, y básicamente se centra en cómo nuestra sociedad no es un órgano que funciona automáticamente en nuestro entorno.

## Psicología de los grupos y el comportamiento humano

San Agustín (Teólogo y filósofo de Tagaste, actualmente Argelia, 354-430 D.C.), en el libro *Confesiones,* abordó el tema sobre cómo ciertos tipos de grupos afectan a individuos y cómo estos dependen de Dios para tener éxito en sus vidas. Según él esto ocurre debido a que nuestra mente quiere controlar nuestra mente.

San Agustín argumentó que las personas tienen pecado y soberbia, pero Dios resiste principalmente la soberbia. Además, sugirió que solamente tenemos ilusiones que nos hace creer que somos muy inteligentes, sabemos mucho de la vida, no podemos hacer algunas cosas, pero creemos que podemos hacerlo. Mencionó que una de las razones por las cuales esto sucede, es porque aprendemos a controlar nuestro cuerpo, y queremos controlar nuestra mente sobre nuestra mente; es ahí cuando los problemas llegan a nuestro mundo o a nuestras vidas.

¿Cuántas veces hemos querido dictarle a nuestra mente que no piense en ciertas cosas, pero esto resulta ser un deseo inalcanzable? Existen personas que cuando no pueden dormir por las noches, terminan frustrándose debido a que la mente no sigue las órdenes de su consciente. El consciente le dice a la mente que duerma, pero esta por algunos factores no obedece esas órdenes.

San Agustín experimentó en su propia vida dos preocupaciones durante el tiempo que asistió a la escuela. En este periodo, San Agustín era muy bueno en argumentar y en la retórica, pero se dio cuenta que tenía dos preocupaciones.

La primera preocupación era el miedo a cometer errores cuando tenía una discusión o debate en la escuela. Su preocupación era en realidad no enfocarse en el objetivo o no ser persuasivo.

La segunda preocupación era que alguien más lo hiciera mejor que él en cuanto a la presentación de argumentos, porque sentía que sus habilidades eran amenazadas. En otras palabras, sugirió que las personas tienden a ser envidiosas, celosas y sienten preocupación de tener competencia.

Más allá de su propio análisis, consideró que hay otros comportamientos humanos que ameritan una observación y análisis profundo. Este tipo de pensamiento condujo a San Agustín a compartir algunos ejemplos de acciones sociales.

Mencionó que en una ocasión unos jóvenes robaron peras del árbol de un vecino, pero no quisieron comérselas; según él, lo hicieron porque eran parte de un grupo y para impresionarse entre ellos mismos.

Sin embargo, muchas personas no robarían peras y no lo harían si estuvieran solas. Esta simple acción de robo podría ser considerada como un pecado o algo incorrecto, pero algunas personas podrían pensar que les encanta hacerlo y la única manera de sentir temor es hacerlo junto a otras personas. Otro ejemplo, es cuando su mejor amigo, Alypius, quien quería ser un buen Cristiano, pero cuando estaba en Roma fue a ver cómo los gladiadores se mataban mutuamente en el Coliseo. Vio mucha sangre de los gladiadores y también la violencia practicada por ellos.

Con estos ejemplos, San Agustín sugirió que la "voluntad" juega un papel esencial dentro de este proceso porque está dividida por dos opciones, en el cual las personas deciden hacer o no hacer determinadas acciones. Sin embargo, los jóvenes y su mejor amigo mostraron a San Agustín cómo "la pasión", induce a las personas a aprender buenos y malos hábitos.

Respecto a este tema San Agustín mencionó que "la pasión", tiene dos niveles.

El primer nivel, es cuando una persona no quiere hacer una determinada acción, pero termina haciéndola como Alypius, que realmente no deseaba ver la matanza de los gladiadores en el Coliseo Romano.

El segundo nivel, es cuando una persona termina como un esclavo de "la pasión", aprende nuevos hábitos los cuales se convierten en una necesidad y llegan a formar parte de su vida. Y como resultado, más adelante puede renunciar a la vida y morir. Pero la resistencia siempre va a estar en esta dinámica.

Sin embargo, es difícil controlar nuestra mente sobre nuestra mente, como le sucedió a su amigo Alypius, quien probablemente luchó, pero falló. Algunas personas podrían tener peleas con adicciones con las drogas, pornografía, peleas de perro y otras. Además, podría haber personas que empeoran en el proceso de resistencia.

Por esta razón, San Agustín consideró que solamente si Dios interviene en la vida de las personas, el ser humano puede cambiar. También sugirió que con el fin de mejorar su vida una persona tiene que tener esperanza, la gracia de Dios, y depende de Dios si quiere ayudarle. Sin embargo, algunas personas podrían creer que cuando alguien tiene éxito es porque tiene suerte. La perspectiva de San Agustín es basada en la Teología o creencias religiosas.

Del mismo modo Sigmund Freud (Neurólogo austriaco 1856-1939), dijo que las personas actúan diferente cuando están en un determinado tipo de grupo que cuando están solas.

Pero primero describió un proceso que muestra los hallazgos sobre el preconsciente y el consciente. Sugirió que los sueños son otra forma de descubrir lo que está pasando con una persona.

Durante el año 1890 en el libro *La interpretación de los sueños*, Freud señaló cómo las personas pueden ayudarse a sí mismas describiendo sus sueños a los médicos, para que estos puedan interpretarlos y descubrir los síntomas de alguna enfermedad.

Freud comenzó a aprender esta nueva forma de Psicología práctica en Paris, en el año 1885 y cuando se reunió con Jean Martín Charcot (Neurólogo, patólogo en anatomía, francés 1826-1893) se centró en estudiar el hipnotismo y la histeria. Charcot practicaba el hipnotismo con sus pacientes. En dicho proceso cuando estaban hipnotizados, los pacientes ejecutaban lo que les ordenaba hacer. Él podía ordenar que levantaran sus brazos; ellos podrían hacerlo, él podría pedirles ladrar como un perro, ellos lo harían también. En este proceso, los pacientes no sentían ningún síntoma. Sin embargo, Freud aprendió todo el proceso, y después se preguntó a sí mismo ¿cómo funcionaba esto?

En la práctica de este proceso, Freud se dio cuenta que las personas a veces encuentran excusas para no hacer algo que no quieren hacer. Si alguien tiene que ir a la tienda, a veces podría tener algunas excusas para evitar la acción. Específicamente, si la persona está lista para ir a la tienda, al estar cerca de la puerta del apartamento, algunas excusas podrían invadir su mente. Por ejemplo, ¡oh! ¡olvidé mis anteojos!, ¡oh! ¡olvidé mi billetera!  Otro amigo de Freud era Josef Breuer (Médico austriaco 1842-1925), quien dijo si una persona está hipnotizada, empieza a hablar de historias interesantes y a veces estas ayudan a curar el problema o abre las puertas para entender los síntomas.

Pero a veces los síntomas podrían ser peores porque reaparecen o mejoran en un corto periodo.

Diferentemente, Freud dijo que una persona no necesita ser hipnotizado para hablar sobre el problema, en lugar de esto, él hizo uso del concepto de libre asociación, en el cual una persona puede empezar a hablar sobre cada idea que viene a su mente. No importa que pervertidos sean sus pensamientos. Un padre podría decir que quiere acostarse con su hija. Aunque este es un ejemplo extremo, Freud estaba acostumbrado a tratar algunos casos como este.

También sugirió que a veces los pensamientos podrían no ser relacionados con la libre asociación. Un estudiante durante una clase podría tener un pensamiento que no es una libre asociación, como la necesidad de un manicure. Pero si argumenta que las ventanas de las aulas están abiertas, la conexión existe y la libre asociación sería correcta. Posiblemente, el argumento estaría relacionado al frio que estaría entrando por las ventanas o el ruido que podría haber afuera del aula.

Otro punto de vista muy importante de Freud es cómo responder al significado de los síntomas. Además, se dio cuenta que es esencial que el paciente conozca el significado del proceso. Cuando Freud entendió todos estos factores, se dio cuenta del proceso, en el cual los síntomas son seguidos de la conversación, luego la asociación libre, después el significado y al final la eliminación de los problemas.

Es en este proceso cuando Freud entendió que las personas tienen dos niveles de mente; el preconsciente y el inconsciente.

El preconsciente se relaciona a las cosas que una persona puede recordar. En un cierto día por la tarde una persona podría recordar lo que hizo en la mañana.

El inconsciente está relacionado con los síntomas y otras condiciones que una persona podría tener, las cuales la persona ignora que existen. Pero con el fin de analizar los sueños, Freud utilizó tres pasos importantes como la condensación, desplazamiento y dramatización.

A la condensación la define como la acción de armar todas las piezas de un sueño.

Luego está el desplazamiento, el cual lo describe como el proceso donde se empieza a tomar el verdadero significado de un sueño.

Finalmente, sugirió que la dramatización es cuando todo el proceso lo lleva a algunas conclusiones y todas las actividades que sucedieron en un sueño. Freud interpretó en unos de sus sueños que no era responsable por la falta de recuperación de los síntomas de Irma (paciente de Freud que padecía de histeria). Al final del análisis de Irma, Freud argumentó que no deseaba ser responsable por falta de la mejoría de Irma y también deseaba que su colega, Otto, asumiera toda la responsabilidad.

En esta conclusión, Freud dijo que la mayoría de la gente da excusas cuando algo no va en la dirección correcta. Hace pocos años en San Francisco, California, dos perros mataron a una persona. Los dueños argumentaron que el perfume de la víctima provocó a los perros, a ellos no les gustaba cierta clase de personas, y ellos nunca harían eso.

Con respecto al comportamiento de las personas cuando están en un grupo, Freud en su libro *Psicología de grupo,* escrito entre 1898-1899, señaló que las personas actúan de forma diferente cuando están en un grupo que cuando actúan individualmente. Antes de que llegara a esta conclusión leyó el libro *La psicología de las multitudes,* escrito en 1898-1899, por Gustave Le Bon (Médico francés 1841-1931).

En su punto de vista conservador, Le Bon sugirió que antes de 1789, pasó algo que hizo que la gente luchara contra el gobierno francés. Según él en ese año cuando la multitud liberó a los prisioneros de la cárcel de la Bastilla, ellos mismos se pudieron haber visto haciendo algo que los había hipnotizado, y no se dieron cuenta de lo que estaban haciendo. Cree que esas personas eran irracionales. Entre esta multitud habían trabajadores agrícolas, trabajadores sin pericia laboral y dueños de tiendas de cuero.

Sin embargo, Freud sugirió que las personas son controladas por la multitud, por lo tanto, no tienen factores críticos y lo improbable no existe para ellos. Además, Freud sugiere que un grupo puede actuar en contra de alguien debido a la imagen por asociación. Se cree que durante la revolución francesa, los rebeldes pensaban que el rey era un tirano.

También afirmó que dentro de la dinámica de la multitud, el grupo hace sugerencias a sus miembros, cómo los miembros se sienten identificados con ellos mismos, y cómo el grupo los motiva a hacer lo que quiere. En la sugerencia de grupo, se podría decir que si una persona va a casa donde su familia se siente deprimida, ella podría sentirse deprimida también. Además, Freud afirma, que la sugerencia está conectada con el amor o la libido y que está vinculada con las emociones.

Otra fuerte base en la dinámica de grupo es la identificación entre los miembros con el líder. En este proceso, una persona podría sentirse identificada con el líder basado en lo que realmente admira de él. Con respecto a esto, un miembro de un grupo podría compartir algo en común con el líder. Se podría decir que un niño se siente identificado con sus padres basado en su origen étnico, religión, y porque están en la misma familia. El niño también puede admirar de sus padres el hecho de que pueden ir a cualquier lugar y en cualquier momento. Eso podría definirse como independencia. Sin embargo, un niño puede darse cuenta de que no puede ir a cualquier lugar y en cualquier momento sin el permiso de sus padres. Así mismo, un niño podría querer lo que otro niño tiene (a veces son los juguetes).

En términos de relaciones de pareja, Freud dijo que una persona tal vez quiera compartir tiempo con otra persona con quien se siente identificado. A menudo esto conduce al deseo de una relación sexual porque ambos buscan el amor como una forma de reconocimiento de sus características positivas.

Pero en cuanto al líder, Freud afirma que la identificación con un gran líder de un grupo podría socavar la capacidad del miembro de aplicar su propio pensamiento analítico. Esta identificación con el líder compensa su capacidad interna para juzgar y tomar sus propias decisiones. En esta dinámica, un miembro del grupo podría sentirse no muy bien acerca de sí mismo. Aunque Freud no proporciona respuestas reales de cómo superar estas dinámicas, pero analiza el superego que es desplazado por la identificación.

Él mostró dos ejemplos de cómo esto sucede dentro de la iglesia y el ejército. Tradicionalmente, el ser humano ha aprendido que debemos amar a todas las personas equitativamente, especialmente si somos miembros de alguna institución religiosa o militar. A estas instituciones les llamó "grupos artificiales", porque creyó que un líder no puede satisfacer el propósito del grupo. Afirmó que no es posible amar a todos igualmente; un general de un ejército puede dar órdenes a sus subordinados para lograr la meta. Por lo tanto, los soldados podrían hacer el trabajo creyendo que él los ama a todos por igual. Pero en realidad, el general no conoce a cada soldado comandado por él; por ende, no puede amar igualmente a todo el mundo como es el caso del líder de una iglesia. Es imposible conocer a todos los miembros de una iglesia que el líder guía y cree que ama con igualdad, especialmente si la iglesia es tan grande.

Freud también escribió otro libro llamado: *Civilización y sus descontentos,* el cual se enfoca en cómo la gente tiene algunos tipos de quejas sobre sus vidas, al mismo tiempo que busca la felicidad.

Sin embargo, en la mayoría de las veces las personas que buscan la felicidad son capturadas por la infelicidad. Sugirió que al principio, una persona podría buscar un deseo o un placer, pero este placer se relaciona a la infelicidad y en algunas ocasiones al instinto de muerte. Esto sucede porque una persona puede tener un deseo en aras de la repetición; por lo tanto, puede buscar lo que ha sido un placer, pero no existe más. Una persona adulta quisiera tener relaciones sexuales como solía hacerlo antes. Pero por naturaleza y enfermedades sufridas después de cierta edad, los seres humanos tenemos transformaciones en nuestros cuerpos, lo cual afecta nuestro organismo. El punto que Freud intentó señalar es que en ocasiones el deseo de buscar la repetición es una extensión de la mente que no es capaz de controlar la mente. Por esta razón, la agresión podría formar parte de una persona. Afirmó que la repetición retiene a la infelicidad, pero nosotros debemos controlar el comportamiento agresivo. Para Freud era importante mostrar como el superego, el ego, y la identificación de instintos trabajan, porque quería entender cómo una persona puede controlar su agresividad hacia otras personas. Freud sugirió que la agresión regresa a una persona porque el superego le dice qué hacer o qué no hacer, mientras el ego le dice que lo haga, por eso una persona se siente frustrada y la repetición toma el control sobre la dinámica.

Respecto al superego, Freud dijo que un niño desarrolla el instinto del superego entre los tres y cinco años de edad. Durante estos años, un niño comienza a saber qué tipo de alimentos quiere comer, en otras palabras, su superego forma parte a través de los procesos del pensamiento.

También el instinto de identificación juega un papel importante porque un niño puede sentirse identificado con sus padres, quiere ser como ellos y quiere obtener lo que ellos tienen. Un niño puede darse cuenta lo impotente que es cuando se compara con sus padres y comprende esta dependencia que está opuesta a la libertad. Los padres pueden hacer ciertas cosas. Ellos pueden preparar y cocinar un pollo que el niño tiene que comer en porciones pequeñas. Y si el niño no quiere comer, podría terminar en una situación difícil como llorando y gritando. Esta situación haría que el niño sienta miedo a la tensión de sus padres como también miedo a perder el amor de ellos.

En conclusión, Freud sugirió que una de las maneras de superar la agresividad es como cuando un niño aprende que es mejor adoptar un comportamiento, el cual es seguir la autoridad de sus padres. En otras palabras, significa que la esperanza juega un papel importante porque un niño puede darse cuenta que algún día va a ser como sus padres, quienes en este caso deciden cuándo, dónde y cómo cocinar un pollo.

Sin embargo, en el año 1951 Theodor W. Adorno, (Sociólogo y filósofo alemán 1903-1969) después de haber leído el libro *La psicología de grupo,* afirmó que en los Estados Unidos de Norte América, un movimiento fascista tomó lugar en 1924, 1930 y 1940. Dijo que no era un programa realmente político, sino un movimiento autoritario con perspectivas rígidas de lo que ofrece lo repetitivo. Ellos estaban en contra de un sistema democrático, movilizaron y activaron políticamente a mucha gente. Respecto a Europa, Adorno criticó la autoridad de Hitler que practicaba la agresión directamente a las personas que no eran alemanas. También afirmó que durante este período, los políticos sólo discutían sobre la personalidad del líder, no se trataban los asuntos y las amenazas del líder se aplicaban sólo a quienes estaban en desacuerdo con su acción. Además, sugirió que el inconsciente controla a las personas y que éste controla sus vidas.

Coincido con San Agustín y Freud, cuando dijeron que el comportamiento de algunas personas es diferente cuando están en cierto tipo de grupos que cuando actúan individualmente por sus propios medios. Básicamente, las personas son conducidas más por el inconsciente que el consciente. En su experiencia con su sueño, Freud definió cómo el inconsciente le ayudó a aprender más acerca de los síntomas de un paciente, y el tipo de ayuda que necesitaba. Afirmó que un sueño es un deseo que revela el inconsciente cuando una persona sueña. Sin embargo, en ocasiones algunas personas aunque estemos conscientes, no interpretamos muy bien nuestros propios sentimientos y emociones, a pesar de que creemos saber definir la tristeza, alegría, deseo, pasión y amor.

Con respecto a la perspectiva del doctor Adorno sobre lo que llama movimiento fascista en los Estados Unidos; la historia y el presente nos enseña que durante los años 1930, muchos programas sociales fueron establecidos constitucionalmente. Estos programas ayudaban y actualmente ayudan a los ciudadanos en momentos de crisis económicas y otras eventualidades. Entre estos programas podemos mencionar el seguro de desempleo, el establecimiento del seguro social, el derecho de los trabajadores a organizar su sindicato y otros programas que sirven para salvaguardar el bienestar de la población.

Creo que el inconsciente de las personas que maniobraron para que estos programas fueran establecidos, no necesariamente puede compararse con la tendencia e inconsciente de Hitler. De la misma forma, creo que estos eventos no fueron repetitivos debido a que los programas creados no existían en la sociedad estadounidense en ese tiempo y actualmente muchos están vigentes.

En cuanto a la interacción de grupo, creo que cuando una persona está actuando entre un grupo, su consciente puede fallar porque el inconsciente y la pasión pueden dictar sus

órdenes con la ayuda de otros miembros y el
líder. Si un sueño es un deseo, podría de-
cirse que los seguidores de un líder com-
partan este deseo o sueño entre ellos mismos. Un miembro de algún grupo que
podría sentirse conectado con los otros
miembros y el líder, tal vez podría sentirse
comprometido con el objetivo y algunas
acciones que ayudan a mejorar una sociedad.

El sueño también podría interpretarse como una metáfora a la vez que la pasión es
parte de la dinámica de grupos y en la personalidad de un líder. En la sociedad
estadounidense el líder afroamericano Mar-
tin Luther King Jr. en la década de 1960 en
su discurso "Tengo un Sueño", habló de un
sueño que muchas personas aceptaron y
compartieron. En este discurso, compartió
su visión sobre el deseo de ver una nueva
sociedad en Estados Unidos. Y compartió la
idea de que las personas podemos convivir,
sin pelear entre nosotros mismos. Aun así,
fue asesinado por sus enemigos. Como era
un líder, supongo que en cierto grado su

pasión era mayor que la de los miembros de su grupo. El ejemplo anterior, es una de las razones por las que creo que la pasión también juega un papel fuerte en esta dinámica.

Otra de las más conocidas pasiones en el mundo, es la pasión de Jesucristo que murió a causa de su creencia. Fue un líder que compartió sus ideas con sus discípulos o miembros de su grupo, y estas personas se convirtieron en líderes después de verlo morir en la cruz. Además, muchos de estos líderes también fueron asesinados por sus enemigos.

Es difícil describir cómo funciona la pasión; simplemente funciona como una fuerza incontrolable. Cuando un líder tiene una pasión no necesariamente llega a ser egocéntrico y autoritario. Un líder podría tratar de desarrollar las habilidades de los miembros del grupo para fortalecerlo y alcanzar las metas establecidas.

El tema de la pasión, fue abordado en nuestra sociedad moderna en el año 2008 en las primarias del Partido Demócrata de los Estados Unidos. En esta elección, Obama fue criticado debido a la pasión que mostraba en sus discursos.

Aún no tengo claro sobre cómo definir quién debería de tener pasión y quien no, y que tanta pasión una persona debe tener. Sin embargo, entiendo que en la política se utilizan estrategias y tácticas para cuestionar al adversario. Y creo que esto ha ocurrido porque la pasión desempeña un papel importante en el proceso de toma de decisiones, y esto puede hacer que una persona tome decisiones equivocadas. Al mismo tiempo, la pasión puede llevar a una persona a conseguir lo que está buscando. Pudiera decir que esta misma pasión y carisma condujeron a Obama a derrotar a John McCain en las elecciones generales.

También coincido con San Agustín, cuando dice que la gente quiere controlar sus mentes, pero no podemos alcanzar ese deseo. Esto ocurre porque vivimos en una sociedad de un aparente control. Queremos controlar nuestra economía, el límite de velocidad en las autopistas, a los traficantes de drogas, las fronteras del país, los traficantes de armas y muchas otras formas de control que la sociedad es incapaz de lograr. Es difícil controlar a todos los conductores que manejan sus vehículos sobre el límite de velocidad en las carreteras y es difícil controlar las fronteras territoriales.

Casi siempre el control en muchos asuntos, no se logra porque los seres humanos somos más orientados al pragmatismo y a evitar resolver los problemas con resultados eficaces. Básicamente, los seres humanos no podemos programar nuestras mentes para controlarlas porque de lo contrario, nos consideraríamos robots.

En conclusión, coincido con Freud que la única manera de lograr un poco de felicidad es comportarse con menos agresividad, como cuando un niño aprende que es mejor entender, y aceptar que va a poder hacer lo que hacen sus padres cuando sea el momento adecuado. Y entender que la independencia o libertad es algo que una persona adulta puede conseguir cuando las condiciones son propicias.

## El sistema de red y el sí mismo (self)

Manuel Castells (Sociólogo español, 1942-
presente), en sus libros *El surgimiento de la
sociedad de red* y *El poder de la identidad,*
sugirió que estamos viviendo en una sociedad basada en una combinación de un
sistema de red y el *sí mismo* (self). El sistema
de red se centra en aprovechar las fuerzas
económicas, políticas y culturales, mientras
que el *sí mismo* es el poder de anclaje en la
identidad local. Castell en su análisis
también señaló que el sistema de red está
formado por tres partes.

La primera parte es el informativo, en el
cual la información se utiliza para aumentar
la productividad, el cual es denominado capitalismo informacional, que es la acción del

conocimiento sobre el conocimiento mismo o reflexibilidad del mismo. La información es procesada por tecnología más rápidamente o máquinas, en la cual computadoras, internet, iPods, se integran a este sistema. Una persona en los Estados Unidos puede trabajar en el mismo proyecto en Japón mediante el uso de ordenadores e internet.

Esto sucede después de que la tecnología se ha desarrollado aún más como es el caso de las computadoras. La primera ola de computadoras comenzó en 1974, y en 1981 las computadoras se hicieron más útiles y adquiribles como herramientas de negocios. También se consideran como un poder en manos de las personas.

La segunda parte, es la visión de la globalización, la cual es la columna vertebral del mundo financiero. El capital requiere movilidad para invertir más dinero y más información en el mundo; por lo tanto, toma algunas ventajas. A finales de la década de 1990, una grave crisis económica en Asia era un potencial de rentabilidad y productividad, por ello el sistema financiero en 1998 le acarreo dinero. También esta crisis afectó a Rusia. Pero en el año 2008, la globalización es considerada el nuevo instrumento financiero que manipula las finanzas, lo cual incluye menos riesgo en la inversión de dinero.

La tercera parte es la organización de la red, que pone énfasis en las empresas de red. Por ejemplo, CISCO es una red que vende productos y fabrica dispositivos, y Dell es otra empresa de red que vende computadoras en internet, maneja una página electrónica, pero contratan a otras compañías para que proporcionen apoyo y fabriquen los productos porque la empresa de red casi no los produce.

Todas estas actividades son posibles porque existe un espacio de flujo, que es un lugar real en espacio y tiempo.

El centro financiero de San Francisco es un espacio de flujo, donde se mueven los flujos de dinero de un espacio a otro como el de San Francisco a Tokio.

Otro espacio de flujo de bienes y productos básicos son los puertos como el de Oakland, California. También los aeropuertos son considerados espacio de flujo porque la gente fluye por medio de los aviones. En el sistema de red, no todas las personas están dentro.

Muchas personas en África y los países pobres, no están en el sistema de red porque no están muy bien conectados con el sistema financiero mundial y la nueva tecnología. Incluso, en los Estados Unidos donde la gente pobre está concentrada en los barrios pobres, existen personas que no están conectadas al sistema de red. Se considera que las personas que intentan crear identidades entre ellas es una respuesta a la sociedad de red.

Por otro lado, los directores ejecutivos de grandes corporaciones están definitivamente dentro, porque usan el sistema de red como un vehículo para maximizar sus beneficios. Sin embargo, es importante señalar que muchos de nosotros estamos dentro y fuera.

Con respecto al sí mismo, Castells señaló que en el ser hay muchos tipos de identidades. Pero tenemos que entender que la identidad puede definirse como un conjunto de atributos que tenemos en común, lo cual nos da prioridad individual debido a que lo más importante para nosotros es lo que hemos adquirido o aprendido de otras personas.

Se entiende que los afroamericanos tienen identidad primaria, y étnica porque éstas están construidas por las personas que viven alrededor de ellos. La mayoría de nosotros adquirimos una identidad primaria.

Sin embargo, Castells dijo que existen dos tipos de identidades cruciales en la sociedad de red.

La primera identidad, está orientada a legitimar el orden social actual. Aquéllos que representan esta identidad son los que provienen de las instituciones dominantes quienes se benefician financieramente de la red.

La segunda identidad, es la identidad de resistencia que construye alternativas o forma de vida digna para vivir. En este concepto de identidad, la comunidad está representada por la conexión entre la gente. La identidad revolucionaria es parte de la identidad de resistencia, el cual el objetivo principal es derrocar el sistema. Y en la identidad revolucionaria está el fundamentalismo religioso, como las religiones islámicas y cristianas.

Estos grupos reaccionan contra el menosprecio de las tradiciones, las cuales se pueden convertir en sus objetivos que según ellos podrían traer de vuelta la buena vida. En la década de 1990 en Chechenia, la gente se separó de Rusia para alejarse de la sociedad de red. En los Estados Unidos algunos fundamentalistas cristianos creen que las Naciones Unidas o las Naciones del mundo están quitando poder al Gobierno de Estados Unidos. Este pequeño grupo de personas comparte esta identidad.

También existen otras formas de identidad, llamada identidades nacionales que se basa en el amor a la nación. La gente de Quebec habla su idioma primario, el francés y el segundo idioma es el inglés; por ello quieren que esto se reconozca legalmente.

Existen otras identidades como la identidad étnica en Estado Unidos de los afroamericanos. Pero William Wilson, sociólogo de la Universidad de Chicago en sus dos libros dijo que la identidad étnica afroamericana ha declinado en importancia durante la década de 1990 y 2004.

En su primer libro *El declive significado de la raza,* Wilson expuso que a mediados de los años 1980, la clase social entre la comunidad afroamericana estaba creciendo.

En su segundo libro *Los de abajo,* Wilson dijo que desde la década de 1980 a 1990 un grupo de afroamericanos comenzó a mudarse del Sur de Chicago al Centro. En el Sur de Chicago vive la clase pobre, y en el Centro la clase media. En el interior de la ciudad donde existe pobreza económica se practica "la cultura del mundo", que es relacionada con la pobreza extrema, la cual produce la violencia de pandillas, control policiaco, y un sistema penal estricto. Al mismo tiempo la clase media se centra más en la comprensión de su historia y sus raíces, así como del sistema económico, político y social. Por esa razón, Castells agregó que este cambio originó una división de clases entre la comunidad afroamericana, pero comparten una identidad primaria.

Castells dijo también que los grupos comunitarios locales proporcionan identidad. Por ejemplo, los asuntos locales relacionados con la sociedad de red crean una fuerza en la comunidad para resistir la individualización que genera el sentimiento de identidad y moviliza a los grupos basados en causa común. Actualmente, el asunto del matrimonio homosexual está unificando el movimiento progresivo en California y en muchos Estados. Los asuntos locales en nuestra sociedad crean los valores de nuestro barrio, comunidad, ciudad, y de todos los elementos naturales que nos rodean en oposición a la sociedad de red. En Vallejo, California, la cadena de supermercados Walmart fue exitosa al establecer una de sus tiendas, pero falló en San Francisco donde la resistencia de la comunidad es fuerte.

El género, es otra forma de identidad que condujo al Movimiento de las Mujeres en los Estados Unidos a hacer algunos cambios importantes, afirmó Castells. La identidad de las mujeres era definida bajo las perspectivas del hombre, pero en el siglo XX las mujeres demandaron definir su propia identidad, a esto se le conoce como La primera ola. Actualmente, bajo la perspectiva de los hombres, las mujeres son madres que dan a luz a los niños, por ello el día de las madres debe ser celebrado.

En la primera ola, las mujeres exigieron el derecho al voto. Sin embargo, Jürgen Habermas (Sociólogo y filósofo alemán, 1929-presente), argumentó en el artículo *La transformación estructural de la esfera pública,* que la sociedad en el siglo XVIII se basaba en el Estado y que los ciudadanos (hombres y mujeres) eran considerados un ámbito privado, en el cual los hombres eran dueños de la propiedad privada. En este periodo el hombre producía y proveía el dinero que necesitaba el hogar.

Seguidamente, la segunda ola, comen-zó en las décadas de 1960, 1970 y 1980, en las cuales la mujer se separó del reino privado porque consideró que las mujeres no eran solamente seres humanos reproductores. En estas décadas las mujeres comenzaron a reclamar que criaban a niños por sí mismas. Otros argumentos acerca de las relaciones entre hombres y mujeres son sobre cómo los niños son objetivos de la maternidad, la red de mujeres como sistema de apoyo (afecto, cariño y cuidado de niños), los hombres son como objetos eróticos, (apego emocional intenso y relación intensa) y son proveedores económicos exclusivos, aunque actualmente ya no pueden hacer ese papel.

Por último, Castells dijo que la Identidad Nacional está conectada a la Nación o Estado, pero ha disminuido porque las decisiones que se toman, son vinculadas a los ciudadanos basadas en el poder del capital.

Uno de los principales puntos es el económico, el cual está representado por numerosas empresas que se mueven fuera del país para evitar pagar impuestos, de esa manera intentan controlar las inversiones. Ese es uno de los factores que condujo a la crisis fiscal. Después del 9/11 y la invasión de Irak, según algunas personas los intereses corporativos promovieron la guerra usando el nacionalismo americano, que fue simbolizado por la red y el sí mismo. La combinación de la energía de la red y del sí mismo, no significa que el Estado o Nación estén en declive, sino que el Estado se lleva muy bien con la red.

También el *sí mismo* y el poder de las identidades locales, experimentan pequeños cambios culturales que se centran en los asuntos locales, y que se definen como actitudes defensivas u ofensivas. Las identidades locales podrían usar el internet para movilizar a la gente contra los problemas que afectan a las comunidades.

Coincido con Castells con respecto al concepto del espacio de flujo, especialmente cuando se refiere a cómo el dinero fluye desde un lugar a otro. Bajo la perspectiva de la comunidad latina, podría mencionar que en San Francisco, California, el Distrito de la Misión podría ser considerado un espacio de flujo. Considero que México, El Salvador,

Honduras, Guatemala, Ecuador y otros países latinoamericanos representan el fenómeno de las remesas. Muchos de estos países son financieramente impactados por el dinero que los inmigrantes envían a sus familias desde Estados Unidos.

Existen muchas agencias en todo el país como el Distrito de la Misión en San Francisco, que se utiliza para este flujo. En este caso, nosotros podríamos entender que algunas personas no tienen mucho dinero para invertir en grandes corporaciones financieras, pero pueden invertir enviando dinero a sus familias. Estas personas también pueden usar el internet desde su casa para enviar remesas a sus familias. La tecnología como las computadoras e internet son utilizadas por las personas para transferir dinero electrónicamente a América Latina.

Pero es necesario reconocer que existen personas que no tienen dinero para enviar a sus familias. Por lo tanto, diría que estamos dentro y fuera del espacio de flujo.

Coincido también con Castells respecto a las identidades del fundamentalismo y nacionalismo. En los Estados Unidos la religión del fundamentalismo pudo estar de acuerdo cuando el ex presidente Bush declaró la guerra a Irak. En ese periodo, el Consejo de Seguridad de la ONU fue ignorado y la guerra se desarrolló.

En términos de nacionalismo, podría decir que existen grupos que creen que los trabajadores indocumentados llegaron a Estados Unidos para cambiar la cultura, y conseguir trabajos que pertenecen a los ciudadanos estadounidenses. En Arizona la ley SB 1070 permite a la policía parar, y sacar a los conductores de automóviles debido al perfil racial. Aunque esta ley estaba debilitada por el Tribunal hace pocas semanas, el tema aún está ahí. También existe el movimiento "solamente inglés", que tiende a promover el etnocentrismo y evitar que las personas hablen otros idiomas distintos del inglés.

En cuanto a la identidad étnica, concuerdo con Castells y Wilson sobre lo que ellos llaman diferenciación de clase de los afroamericanos y su identidad primaria. Considero que entre latinoamericanos algo similar al afroamericano está ocurriendo en nuestras comunidades. Existen grupos latinoamericanos que promueven el orgullo de nuestras raíces y están bien educados. Al mismo tiempo también existen otros grupos que promueven el mismo valor, pero están muy lejos de integrarse debido a la falta de oportunidad de empleos y educación. Estos grupos tienen en común el idioma, comida, deportes, música y otros elementos culturales, pero pocos de ellos trabajan en posiciones de influencia y de gran alcance con el gobierno y las corporaciones. Un grupo pequeño trabaja en posiciones de alto impacto y gran alcance con el Gobierno y corporaciones. Otro grupo consta de trabajadores con manos de obra calificada y otros no lo son; viven el día a día preocupados por la falta de dinero para pagar la vivienda, comida, seguro de salud y otras necesidades. Además, existen algunos otros asuntos importantes como la violencia en nuestra comunidad, que refleja el impacto de la pobreza. Pero todavía tenemos la identidad primaria.

También coincido con Castells respecto a los grupos comunitarios locales que da identidad a nuestras comunidades. Quisiera mencionar que el movimiento de inmigrantes latinos, está dando identidad a nuestra comunidad porque nos identificamos con las personas que en los últimos años han sido perseguidas por las autoridades locales y las agencias gubernamentales del Estado de Arizona. No es fácil aceptar que las personas sean tratadas de forma diferente solamente por el color de su piel y la apariencia. Este asunto ha unificado los valores y principios de la mayoría de los miembros de la comunidad latinoamericana.

En la esfera privada, estoy de acuerdo con Castells cuando argumentó que los hombres ya no desempeñan el papel de proveedores económicos exclusivos y considero que muchos hombres están abiertos a compartir responsabilidades con sus esposas. Aunque es cierto que la tasa de divorcios en el país es alta, creo que en algunos casos se pueden arreglar las diferencias entre las parejas. A veces se requiere de mucho compromiso y darse cuenta que estar juntos es una situación dualista donde ambos tienen que compartir la equidad y la comprensión. Una pareja puede compartir responsabilidades y organizar razonablemente la familia, pero tienen que preguntarse:

¿Quién va a pagar la renta?

¿Quién pagará los cobros de utilidades como el agua y electricidad?

¿Quién pagará a la niñera? (cuando existen niños)

¿Quién limpiará la casa?

Si estas responsabilidades son compartidas equitativamente en términos de tiempo y dinero, probablemente las diferencias podrían ser menores.

## El Ocio, lo básico de la cultura

Josef Pieper (Filósofo Católico alemán,
1904-1997) en su libro *El ocio, lo básico de la
cultura,* enfatizó que la tarea más importante
de cada ser humano debe ser el tiempo libre
o contemplación. Sin embargo, comenta que
la palabra "ocio", no es lo que hemos aprendido en el mundo moderno. Afirma que
después de la Segunda Guerra Mundial en
Alemania la gente empezó a construir sus
casas nuevas, pero no pensaron en el ocio.
Por esa razón, Pieper consideró que esta
todavía era una tarea pendiente de resolver
en la sociedad alemana y las sociedades de
Europa occidental.

En el periodo de la historia humana que
Pieper menciona, la gente estaba más orien-

tada a practicar la filosofía y disfrutar lo que la naturaleza les ofrecía.

En la época actual, es un reto para las personas pensar como los antiguos griegos sobre lo que deben hacer en las sociedades, especialmente para la clase trabajadora. Para la clase élite, es menos difícil poner en práctica este tipo de ocio debido a que tienen los recursos económicos. Aunque la clase obrera no tiene mucho espacio y recursos suficientes para la práctica del ocio como los griegos lo hacían, algunas personas dentro de esta clase social practican algunos altos niveles de espiritualidad que les ayuda a superar situaciones difíciles.

Sin embargo, quisiera señalar que entre los adinerados y la clase trabajadora han habido algunos líderes religiosos y de derechos humanos como Jesucristo, Buda y Gandhi, quienes practicaron un enorme nivel de espiritualidad influido posiblemente por el concepto de ocio. Ellos vivían sus vidas casi desconectados de la idea de poseer objetos materiales, en cambio enseñaron a sus seguidores a vivir con compasión, comprensión y ayudar a aquellas personas que más necesitaban. Para llegar a ese nivel de espiritualidad ellos cultivaron sus mentes, y eran concientes de los sacrificios que tenían que hacer para cumplir con el propósito de sus vidas.

Hoy en día, existen muchas personas que asisten a las iglesias, clubes sociales, organizaciones comunitarias, sindicatos, partidos políticos y algunos otros grupos para aprender y entender en algunas ocasiones cómo pueden sobrevivir durante una crisis personal basadas en algunos principios y valores que Jesús, Buda, Gandhi y otros líderes practicaron.

En la actualidad en EE.UU. muchos obreros, tienen que enfrentar algunos desafíos en sus vidas como la falta de recursos para educación, salud, vivienda, ejecuciones hipotecarias, desempleo y otros elementos que no permiten a la mayoría activar ciento por ciento el espíritu, y el ocio con el fin de superar estos tiempos difíciles o cómo sobrellevar sus vidas en cualquier situación.

Los antiguos griegos creían en la sociedad utópica, según ellos era el verdadero objetivo a seguir. Incluso, en nuestra sociedad materialista, la mayoría de la gente quiere tener este tipo de sociedad; el mundo ideal en el que las personas no tienen que matar o cometer delitos para sobrevivir; un mundo en el cual la gente podría vivir sin miedos, ansiedad, tristeza, infelicidad y sin guerras. La palabra "ocio", como el griego antiguo entendía todavía está en nuestra mente, pero lamentablemente nosotros no podemos interpretarlo.

Sin embargo, con respecto a la palabra ocio, es necesario mencionar que en nuestro mundo moderno, el uso de algunas palabras está cambiando; al "problema" se denomina "situación", al "trabajador" ahora le llaman "asociado", el "secretario" es llamado "asistente", y así sucesivamente.

La pregunta sería, ¿por qué sucede esto? Supondría que existen palabras que denotan algo malo o negativo como es la palabra "problema". Pero si algunas personas usan la palabra "situación", podría inferir algo que puede ser solucionado y suena menos dramática. Por otro lado, la palabra "asociado", hace que el trabajador sienta que es parte de algo y crea un sentido de pertenencia. Pero estas palabras limitan a las personas a pensar en la realidad y el significado artificial de la palabra en sí misma. Esto demuestra que Pieper acierta cómo cambian las palabras repentinamente. Pero existen palabras que también han sido cambiadas orientándolas a connotaciones denigrantes. Entre estas vamos a encontrar al "pensador o filosofo", a quien hoy en día le llaman "haragán u ocioso".

Otro asunto interesante es el ocio y la educación. En una de las conferencias del profesor Willen Van Groenou de la Universidad Estatal del Este de la Bahía en Hayward, California, infirió que en ámbitos educativos en el cual se trabaja en el desarrollo de los profesionales, no han previsto considerar los puntos de vista de Pieper sobre el ocio. Esto sucede porque los seres humanos tenemos que enfrentar la realidad creada por nosotros mismos. Algunas per-

sonas pueden vivir en miedos, inseguri-
dades, soledad y algunas otras condiciones
humanas.

En la conferencia se señaló que Pieper dijo
que carecemos de humildad para aceptar
nuestra realidad y desafiar nuestras decep-
ciones. Pieper también expuso que los "trabajadores intelectuales", en algunas formas
ayudan a las sociedades a adquirir conoci-
mientos para apreciar sus vidas. Como men-
cioné anteriormente entre estos trabajadores
tenemos a Jesús, Buda, Gandhi y algunos
otros líderes espirituales que abrieron el
camino de la justicia como una forma de
esperanza, en la cual las personas pueden
contar.

No hay ninguna duda sobre el trabajo intelectual y espiritual que estos líderes hicieron en nuestro mundo. Creo que ellos son la
clase de trabajadores intelectuales a quienes
Pieper se refiere cuando dice, "saber es trabajo o el saber es una actividad." "Esto
implica una demanda sobre el ser humano y
una demanda hecha por el ser humano. Si tú
quieres entender algo; tienes que trabajar; en

la filosofía, concepto de Kant "Ley de la razón humana", esa propiedad se adquiere por el trabajo, la cual es verdadera, y es una afirmación en el hombre". Básicamente, él dijo que conocer y compartir el conocimiento es un trabajo basado en el razonamiento, que es establecido por la verdad.

Además, Pieper expuso las preguntas a las cuales se enfrentan las personas durante sus vidas. En nuestras mentes, podríamos sentir deseos de conocer nuestro futuro y cómo podemos tratar algunas situaciones eventuales.

Creo que se puede aplicar esto, cuando la gente asigna dinero para comprar zapatos nuevos cada mes, pero si una persona se enferma, obviamente la medicina sería una prioridad en lugar de los zapatos. Las personas podemos descubrir la mejor forma de fijar nuestras prioridades y encontrar soluciones a los problemas.

Algunas personas hacen planes individuales anualmente en las cuales establecen metas y objetivos a alcanzar. Estas personas podrían estar practicando algún tipo de ocio porque estarían pensando, y entendiendo la mejor manera de lidiar con sus vidas. Por ejemplo, alguna persona tal vez planea comprar una casa. Pero para hacer eso tiene que ingeniárselas y conseguir el dinero o un empleo estable.

En el libro *El acto filosófico*, Pieper dijo que la acción de trabajar es una utilidad común, que hace a las personas pensar que están haciendo algo útil para su propio beneficio y para otras personas. Haciendo esta acción las personas están suministrando lo que la gente necesita consumir. Pieper afirmó, —Por ejemplo, Santo Tomás dijo, hay personas que se dedican a lo "poco útil", vida de contemplación; filosofar pertenece a los bienes comunes, mientras que uno no puede decir que la contemplación, visión o filosofar sirve a la utilidad común" (p 64). Pieper nuevamente citó a Santo Tomás, quien dijo que muchas personas creían que la contemplación o filosofar no era una actividad productiva y no debería considerarse como un trabajo. En nuestros días, esto sucede porque las acciones de atender la demanda de bienes y servicios han absorbido la idea de la filosofía práctica.

Además, esto sucede porque cuando las personas practican la filosofía, cometen una acción que hace que las personas piensen que pertenecen al mundo, contrariamente a la creencia popular que el mundo nos pertenece a nosotros. Pieper manifiesta que cuando las personas practican la filosofía, sus vidas podrían ser más trascendentales comparado a aquellos que se orientan hacia el uso y la eficacia.

Sin embargo, Pieper dijo, —La filosofía no es conocimiento funcional, sino como John Henry Newman dijo, es conocimiento de caballero, "no útil", pero "conocimiento libre" (p. 74). Ellos dijeron que la filosofía se puede encontrar en personas que tienen interés en comprender algunas preguntas sobre el mundo, y que esto es gratis y accesible para las personas. Pieper también dijo, —La filosofía es un "Arte Liberal" (p 75). Infirió que la filosofía es un arte que debe ser usado libremente en los campos académicos en todas las dimensiones. Pero también sostiene que "Una aclamación de libertad académica sólo puede existir cuando se realiza lo "académico", de manera "filosófica". Y esto es históricamente la razón: lo académico se ha perdido, exactamente a medida en que el carácter filosófico del estudio académico se ha perdido o para decirlo de otra manera, a medida en que las demandas totalitarias del mundo del trabajo han conquistado lo real de la Universidad". Pieper se refiere a que la academia está siendo industrializada orientada a la efectividad y producción. Por ejemplo, la industrialización de la educación puede influir en el profesor a utilizar máquinas para conocer los resultados de los exámenes de estudiantes. Específicamente, el uso del scantron es una forma más rápida para conocer el resultado de evaluación de exámenes en las escuelas y universidades de los Estados Unidos.

Pieper también dijo que la única manera que una persona puede practicar la filosofía es cuando Dios y el mundo son los principales factores que deben tomarse en consideración. Según él, —Un hombre no puede enseñar; al igual que cuando alguien está curado de una enfermedad, no es el médico que le ha curado, más bien es la naturaleza, cuyo poder de sanación dada al doctor ha permitido operar y curar.

Pieper continuó su argumento sugiriendo, —Alguien más surgirá y dirá, "Es Dios quien realmente enseña, en la enseñanza humana". "Sócrates se levantará y dirá que el maestro sólo hace esto posible para el que aprende a "adquirir conocimiento por sí mismo" a través de reminiscencia; "No hay ningún aprendizaje, sólo recuerdo. Y aún otro dirá: "todos los seres humanos se enfrentan a la realidad misma; el profesor y el alumno, o el oyente, ve por sí mismo" (p 96-97). Él dijo que algunos estudiantes podrían tener los mejores maestros en las escuelas, pero si no quieren aprender, es imposible tener un mejor conocimiento sobre el mundo. Esto explica acerca del significado de la naturaleza porque probablemente los estudiantes no están interesados en el tema que los profesores quieren enseñar. Sin embargo, esto puede ser peligroso porque si los estudiantes no tienen conocimiento sobre temas que afectan sus vidas, podrían cometer errores o tomar decisiones equivocadas.

Existen diferentes tipos de estudiantes que por naturaleza optan por estudiar arte, ciencia, practicar algún deporte y así sucesivamente. Es difícil responder a la pregunta: ¿por qué hacen esa elección?, pero entiendo que a veces hijos e hijas son influenciadas por sus padres y algunos otros miembros de la familia. Por ejemplo, alguien podría tener la misma profesión que practica su padre o madre. Una enfermera puede tener esa profesión debido a que su madre también lo es.

Pieper infirió que los seres humanos son influenciados por Dios, como también por el mundo y medio ambiente. Por lo tanto, afirma que los seres humanos quieren estar bajo la filosofía práctica, sentir que son parte del entorno y tener un mejor entendimiento acerca del mundo. Y señala que el medio ambiente y el mundo están interrelacionados que no se puede separar.

Pieper también afirmó que cuando una persona filosofa, tiene que entender al mundo material y abstracto debido a que muchas cosas no son visibles, pero afectan nuestras vidas. Dijo que la justicia y la injusticia son ejemplos de cómo el mundo material y el mundo abstracto están en nuestras vidas. Pieper mencionó, —Como dijo Platón, no sé si estoy haciendo una injusticia contra alguien o alguien me está haciendo una injusticia: eso no es lo que la filosofía quiere analizar, sino entender lo que es justicia o injusticia en sí misma; no, si un rey que tiene mucho dinero es feliz o no, sino más bien, qué parentesco existe sobre lo que es la felicidad y lo que es la miseria. Lo que esto es como tal y en un análisis final. Él sugirió que es más importante tener una comprensión profunda del significado de situaciones específicas para así conocer la verdad.

## Simmel y Mead en psicología social

En la década de los años de 1950, Georg Simmel (Sociólogo y filósofo alemán, 1858-1918) en el ensayo *La Metrópoli y la Vida Mental,* sugirió cómo el mundo moderno y la economía del dinero afectan a los individuos. Consideró que para entender este desarrollo era necesario tomar a la autonomía e individualidad como elementos principales.

Afirmó que la autonomía es la forma en que las personas confrontan sus vidas, y consideró que en las grandes ciudades las personas tienden a ser más autónomas, lo cual significa que las personas tienden a decir sí o no a algunas situaciones y actuar de forma independiente.

Según Simmel, el otro elemento es la individualidad, la cual se refiere a que una persona es diferente a otras debido a la identidad que tiene. De esta manera, una persona entiende lo valioso que es en una sociedad y como otras personas también lo son. Además, el significado realmente podría marcar a una persona como alguien especial.

Los individuos modernos en las ciudades metropolitanas, intentan protegerse siguiendo la percepción de la mente en lugar del corazón. Las personas en esas ciudades podrían caminar, escuchar música, vender algún producto y convivir con el ruido. En este entorno, las personas realmente no interactúan más estrechamente con otras.

Por lo tanto, Simmel sugirió que esta actitud no muy placentera es adoptada por las personas, debido a que la gente no está totalmente involucrada con otras. Si alguien le pide a una persona que le dé una limosna, la otra podría compartir una moneda o tal vez no debido a que ambas personas no se conocen. La persona podría comprender la situación, o podría decidir vivir su propia vida, no dar ningún dinero y pensar que no es la única persona que hace eso. Es una cuestión casi comprobable debido a que existe una relación entre el medio ambiente de las grandes ciudades, individuos modernos, actitud no placentera y la actitud de reserva.

Simmel afirmó que las Metrópolis Modernas están dominadas por los intercambios. Si una persona tiene sed, tal vez quiere comprar un refresco lo cual crearía una interacción con el vendedor o cajero del negocio. Pero una persona no puede establecer una conversación sobre cosas personales porque no existe una relación. En este caso, la libertad individual se lleva a cabo porque una persona no tiene que cuidar otras cosas. Otro ejemplo, si una persona está en un concierto de rock, evento deportivo o algunos eventos que son muy concurridos, alguien puede tocar a una persona, pero esta no presta atención a la acción. Esto sucede porque una persona puede experimentar la libertad personal más claramente porque su mente está distanciada sin mirar la proximidad física con otras personas.

Sin embargo, en el área de dinero o económica la indiferencia al contenido ocurre cuando alguien intenta hablar con una persona. Pero quiere evitar y decide centrarse en las cosas que necesita hacer porque hay personas que viven en actitud de reserva, la cual indica la actitud indiferente de las personas respecto al entorno. En la libertad personal, a nadie le interesa lo que haces y esta permite a una persona tener espacio para decidir qué quiere hacer en su vida.

En el ensayo *El Secreto y la Sociedad Secreta,* Simmel señaló cómo los secretos desempeñan un papel importante en el conocimiento humano de la interacción social. Sugirió que hay cuatro elementos en esta dinámica como los grupos de interés, personas conocidas, amigos y amigas cercanas.

Simmel dijo que en los grupos de interés las personas no se conocen muy bien. Una persona puede comprar un refresco, pero no conoce muy bien al cajero porque este solamente desempeña el papel de vender productos.

En el elemento de personas conocidas, cuando una persona entra en un grupo no sabe mucho de las otras personas.

En términos de amistad, a una persona le gustaría compartir asuntos personales con amigos y tal vez conozca mucho a las personas, pero no lo suficiente.

Con respecto a la amistad cercana, que pudiera ser una relación de noviazgo o de romance de la persona, un asunto personal puede ventilarse más simplemente. Sin embargo, Simmel sugiere que hay dos elementos importantes en la interacción social; la expectativa y los prejuicios.

Simmel sugiere que en el elemento de la expectativa una persona espera obtener resultados dependiendo de las situaciones. Una persona que vive en EE.UU. y viaja al exterior podría esperar saborear el mismo tipo de hamburguesa de McDonald's que cocinan en otros países.

En cuanto a los prejuicios, Simmel sugirió que una persona puede juzgar a otras personas basado en la imagen y apariencia. Pero también Simmel cree que ese desconocimiento es otro elemento importante en la interacción social. Él sugiere que siempre existe desconocimiento de la vida de los amigos cercanos, grupos de interés, conocidos y amigos no muy cercanos.

En el elemento de desconocimiento, una persona sabe ciertamente el papel de un cajero de una tienda, pero hay algún tipo de cosas que una persona no conoce de un cajero y se convierte en un secreto.

Simmels afirma que existe un problema cuando una persona da todo a la relación sin reserva ni secretos. Por lo tanto, Simmel dice que un secreto crea la posibilidad de un segundo mundo. Y el segundo mundo junto a los secretos podrían llevar a una persona a la fascinación porque algunas personas tienden a estar fascinado por el mundo. La creatividad de un pintor, escultor o profesionales fascinan a otras personas debido a la fantasía, la imaginación y la creatividad.

Mientras un secreto coloca una barrera entre las personas y crea desafíos. Una persona puede decir a un amigo, "Tengo un secreto, pero no se lo digas a nadie". En realidad esta persona puede desear que su secreto se revele, pero siempre existen chismes y rumores.

Sin embargo, Simmel propuso que el secreto en el mundo moderno es más importante y está relacionado con nuestra individualidad que se desarrolla en nuestra sociedad. La economía monetaria nos permite desarrollarnos y no nos preocupamos por el secreto de otra gente, por lo tanto, los secretos y cuerpos nos invitan a la diferenciación. Si una persona quiere ser un buen escultor o un buen maestro, pero quiere que esto sea un secreto, él no va a confiar este secreto a nadie.

Simmel también mencionó que el dinero contribuye al secreto cuando hay una comprensibilidad del dinero, en el cual una persona puede tener mucho dinero, pero otras personas no lo saben porque es abstracto, y se refleja cuando una persona compra un costoso objeto, pero no es visible. Una persona podría comprar una valiosa obra de un pintor famoso, lo cual es diferente a si la persona compra un automóvil muy caro. Otro ejemplo, es el efecto de una distancia que se traduce cuando una mercancía o producto es comprado por una persona por Internet en lugar de una tienda físicamente visible. El secreto se manifiesta porque otras personas no se enteran de lo que una persona compra usando dicho medio de comunicación.

En el artículo *La Mente, el sí mismo (self) y la Sociedad*, George Herbert Mead (Filósofo, sociólogo, psicólogo estadounidense, 1863-1931), sugirió que una persona puede volverse consciente de quien es basado en el *sí mismo* u otra persona. Mead expuso que la interacción social con el otro *sí mismo* como los padres, tutores, hermanos, hermanas y otras personas lo hace posible. Un niño de tres años de edad podría verse a *sí mismo* como un pequeño hermano de un niño de cinco cuando realiza una acción, como abrir la puerta de un refrigerador. Él podría verse a *sí mismo* desde otra perspectiva porque entiende que el hermano puede hacer eso, pero él todavía no. Otro ejemplo, cuando un profesor está dando una clase, los estudiantes se ven a sí mismos como estudiantes. Esto sucede porque se comparte un lenguaje ordinario, el cual no solamente puede ser usado por el profesor para dirigir una pregunta a los estudiantes, sino también dirigírsela a *sí mismo* y asegurarse que ésta tenga sentido. Él puede darse cuenta que la pregunta es dirigida a él porque se ve desde otro punto de vista (estudiantes), y puede buscar la confirmación de que los estudiantes entienden la pregunta. Pero un estudiante puede tocar su cabeza, con una de sus manos mostrando que la pregunta era confusa.

Mead también sugirió que el *sí mismo* se convierte en muchas personas diferentes porque depende con quién interactúa. Una persona puede interactuar con sus padres, maestros, amigos y otras personas. El *sí mismo* de una persona puede interactuar muy distinto con otro sí mismo. Una hija podría interactuar diferente con sus amigos que con sus padres. Esto sucede, porque el *sí mismo* desarrolla esa capacidad de un momento a otro debido a que es creado bajo la perspectiva de otras personas, pero también el *sí mismo* puede volver al *sí mismo* de otras personas. Mead dijo que el *sí mismo* desarrolla aspectos de una persona que no es consciente de ello. Un estudiante que se sienta en la parte posterior del aula podría ser callado y evitar hablar en clases, pero podría ser influenciado por el profesor, él podría en el futuro llegar a ser en un maestro o un intelectual.

Mead también sugirió que una persona puede tener muchos *ellos* en el sí mismo, que el *ello* es el grupo de actitudes de las demás personas, y algunos *ellos* se generalizan por otras personas. Esto sucede cuando una persona generaliza a otros grupos. Una persona puede ser ciudadana de los Estados Unidos bajo la perspectiva de otra persona y puede ver el *ello* de la persona, quien se vuelve consciente que es ciudadana de Estados Unidos. Otro ejemplo, es si algunos niños pretenden desempeñar el papel de un médico, policía o ladrón; los niños pueden verse ellos mismos desde el punto de vista de cada uno, pero no es real.

Mead también dijo que cuando los niños comienzan a jugar más juegos organizadamente, el número de posiciones adoptadas significa cosas diferentes. Como resultado, la organización puede surgir para hacer que una persona se dé cuenta que está actuando como todos los demás debido a que la persona responde a esto.

Otra ilustración, si un jugador de beisbol juega primera base, necesita comprender el papel de los otros jugadores, anticipar lo que los otros jugadores van a hacer. En el juego, los jugadores trabajan juntos para coordinar ciertas acciones porque el objetivo es ganar el juego. Específicamente, el jugador de la primera base tiene que saber lo que está haciendo el jugador de la tercera o segunda.

Mead también afirmó que además del *ello* y el *sí mismo* es importante tomar en consideración el *yo* sobre todo cuando entendemos que un particular *sí mismo* es una respuesta a un *ello* y el generalizar a la otra persona es la reacción a un *ello*; por lo tanto, quién eres es una parte importante de un yo, que no se separa, y siempre está en relación con el ello. El *yo* es la respuesta dentro del organismo y a la actitud de los demás, el *yo* es la respuesta al *ello* y el *yo* hace actuar y responder al ello. La acción está relacionada a lo que hemos aprendido de otras personas. Cuando un estudiante escribe un ensayo para una clase, ejecuta una acción que ha aprendido de otras personas, especialmente del maestro.

Mead también dijo que el *yo* tiene dos dimensiones. La primera dimensión, es cuando el *yo* es la respuesta que un individuo hace a un ello. Y *yo* no es una respuesta condicionada que podría ser una respuesta a tus amigos, padres, maestros y otras personas. Si una persona tiene un amigo, podría entender lo que ha sucedido recientemente con su amigo al darse cuenta de cómo ha cambiado la relación en los últimos cinco años. Esto sucede porque el *yo* y el *ello* estuvieron ausentes en los últimos cinco años, el amigo podría haber cambiado su actitud y comportamiento durante este periodo.

La segunda dimensión, es el elemento de la novedad lo cual es algo nuevo que cambia de un momento a otro al *ello* y proporciona un sentimiento de libertad. Cuando una persona generalmente no es un buen jugador de boliche, pero en cierta noche el mejor jugador del equipo no se presenta al juego, la persona podría tomar la posición del ausente, si la persona juega bastante bien, esa noche va a ser una novedad, y otras personas van a verla diferente porque se hizo algo que no estaba previsto.

En cuanto a cómo el *yo* da una sensación de libertad puede ocurrir cuando un profesor da una conferencia. Esta conferencia puede ser dada en muchas maneras diferentes pero enseñando lo mismo. Sin embargo, un *ello* puede cambiar repentinamente en relación con el *yo*. Una persona puede tener una discusión con un amigo en el cual el *yo* responde al ello, pero pocas horas más tarde la persona podría invitar a su amigo a una cena. En esta situación, el *yo* es parte del ello y el *yo* se ha ido, así que el *ello* se apodera del *yo*.

El *yo* no es un profundo *sí mismo* depende siempre del *ello*. El *yo* nunca deja completamente que la persona sea consciente de quien es. Aún así, Mead afirma que existe una distorsión sistemática que no deja que el *sí mismo* entienda a otro *sí mismo* o a un grupo de personas. Y cuando este desglose se produce, un *sí mismo* generaliza a otro sí mismo, y surgen los estereotipos que hacen al *sí mismo* creer que otras personas son perezosas, sucias y no muy inteligentes.

A veces es necesario llamar la atención de algunas personas y aclarar lo que no entienden. Debido a que somos dos en uno mismo (yo+ello) tenemos la responsabilidad consciente, que incluye el espacio para tomar decisiones (ello) y novedad en experiencia (yo), en el cual no hay responsabilidad de nuevas experiencias y sin espacio disponible para maniobrar. Si una persona tiene hijos, tiene responsabilidades, pero cuando los niños sean mayores la responsabilidad se habrá ido. Si una persona le da comida a un niño con una cuchara, no habrá ninguna novedad si la persona nunca deja de darle de comer al niño usando la cuchara aun cuando el niño sea más grande de edad.

El *sí mismo* está en un mundo social. Cuando una persona practica o ve algunos deportes, o cuando está viendo una película, el *sí mismo* está involucrado. No existirá una responsabilidad sin un *ello* y sin que exista ningún sentido de la responsabilidad porque tenemos compromisos con nuestros amigos, profesores y otras personas. En la década de 1950, se produjo una actitud sistemática inferior a un *ello* cuando los afroamericanos del Sur tenían responsabilidades basadas en el punto de vista de las personas blancas debido a la separación y falta de comunicación entre los grupos dominantes (otro *sí mismo* o blancos) y el *sí mismo* (afroamericanos). Al generalizar al otro y la organización de casta desempeñan papeles importantes en este escenario. Esto sucede porque la organización de casta tiende a evitar que el público entienda lo que es ser una persona de clase obrera y porque existe una incapacidad para poner a un *sí mismo* en la posición de otro *sí mismo* debido a la separación.

Con respecto a los estereotipos en los años 1929 a 1934 en medio de una depresión económica el Movimiento Laboral indujo a la opinión pública a mirar la realidad de la situación. El Movimiento Laboral respondió diciendo "no" a la otra parte con respecto al estereotipo de que la gente obrera no quería trabajar, era perezosa, y les gustaba ir a huelga.

En conclusión, Mead dijo que para superar este tipo de barrera era necesaria una comunicación perfecta, en la cual un individuo puede afectar positivamente a los demás. Una persona puede colocarse en la posición de otras para entender cómo funciona esa dinámica.

Coincido con Simmel y Mead sobre los ensayos *La metrópoli y vida mental, El secreto y la sociedad secreta, y La mente, el sí mismo y la sociedad.*

En las grandes ciudades la gente tiende a ser autónoma y aplica la individualidad. Una persona es libre de decidir si quiere ayudar o simplemente ignorar las necesidades de otras personas porque está desconectada con ellas. Si un activista ambientalista pregunta a unas personas firmar una petición de un problema que está afectando al planeta y la gente, algunas pueden firmar la petición y otras probablemente no lo harán. Algunas personas podrían estar enfrentando sus propios problemas o preocupaciones que podrían estar afectando sus propias vidas, por eso no tendrían la sensibilidad para abordar otras cuestiones que afectan a la gente y al planeta.

En términos de individualidad creo que algunas personas tal vez se dan cuenta de que su identidad es diferente de los demás, por tal razón podrían creer que son especiales y tratar a otras personas con algún tipo de indiferencias. Estas personas actúan basadas en la percepción de su mente en lugar de su corazón. Y estas personas adoptan la actitud de indiferencia porque no conocen a los demás y no están relacionadas con ellas. La mayoría de la gente no puede fácilmente involucrarse en acciones porque no conocen muy bien a los demás o simplemente no están conscientes de lo que está ocurriendo en la ciudad.

Pero existen personas que comparten algunas monedas, como una limosna porque de alguna manera sienten el dolor y el sufrimiento de otras personas, sin pensar el uso que se le va a dar. Por otro lado, algunas personas podrían criticar a otras cuando piden dinero en las calles porque los prejuicios y un pensamiento egocéntrico toman control sobre ellas. Algunas personas solamente critican este tipo de actividades y no están dispuestas a prescindir de ningún centavo.

En general la gente se comporta en las grandes ciudades, basadas en los valores y principios que poseen, pero según algunas personas lo más importante es actuar basado en la economía del dinero. La venta y compra son actividades en las cuales las personas interactúan, pero esto es considerado como una acción transaccional sin importar el bienestar de otras personas. Probablemente existen personas que son más sensibles, pero existen otras que no le ponen atención.

También el elemento de libertad personal desempeña un papel importante porque la gente puede sentirse libre de hacer lo que quiera. Una persona, no necesariamente necesita saber todos los detalles de una persona que vende en la calle o en un restaurante.

En cuanto al secreto, creo que se ha convertido en ley. En la película *El infiltrado,* dirigida por Michael Mann, presenta la idea de la confidencialidad cuando en la década de 1990 la nicotina en cigarrillos estuvo en escrutinio, por lo cual el Congreso de Estados Unidos, cuestionó algunos gerentes generales que representaban a las principales tabacaleras sobre componentes adictivos de la nicotina.

Ellos respondieron que la nicotina no era adictiva, pero después un científico declaró lo contrario. Antes de lidiar con este proceso algunas de estas corporaciones intentaron amenazar al científico diciéndole que había firmado un convenio de confidencialidad con una compañía, el cual se suponía tenía que respetar. Aunque es una película, esto puede revelar cómo un secreto podría no ser un asunto personal, el cual se convierte en aspectos legales que podrían colocar a las personas en riesgo. Otro ejemplo, es cómo las corporaciones intercambian información sobre clientes, para que de esa manera puedan llamar o enviar propaganda a las casas de los consumidores.

En cuanto al *sí mismo*, el *otro sí mismo*, el *ello* y el yo, estoy de acuerdo con Mead porque los seres humanos aprendemos de otras personas y entendemos nuestros papeles basados en estas personas (el otro sí mismo). La gente actúa de formas distintas con diferentes personas. La actitud de las personas es el resultado de lo que hemos aprendido de las demás.

Podríamos cambiar repentinamente nuestras actitudes negativas o positivas que también son los resultados de las actitudes de otras. Y además casi siempre tenemos algunas diferencias significantes con el otro *sí mismo* y en ocasiones es difícil llegar a un acuerdo.

Mead sugirió que esto sucede porque hay una línea abstracta que obstruye la comunicación entre un *sí mismo* y otro *sí mismo* que no deja a ambos lados entender las diferencias que existen entre estas. Sin embargo, si ambas partes intercambian las razones de las diferencias, podrían comenzar a conocer algunos aspectos comunes que tienen.

En términos laborales y económicos podría decir que en realidad, la clase élite cree que la crisis económica es una oportunidad para hacer crecer sus fortunas. Sin embargo, la clase obrera considera que la élite tiene que ser más razonable y comenzar a invertir su dinero y crear más puestos de trabajo, en lugar de culpar al Gobierno.

Es bueno para la élite, para la clase obrera y para el Gobierno crear puestos de trabajo en el sector privado. Sin embargo, algunas personas de la élite están comprando oro; están moviendo sus empresas al extranjero, y podrían estar pensando invertir su dinero en países desarrollados y emergentes como Brasil, India, China, Rusia y algunos otros.

De hecho, las ejecuciones hipotecarias, el desempleo, la falta de financiación para la educación y algunos otros programas sociales están afectando negativamente a la clase obrera. Según algunos estudios consideran que uno por ciento de la clase élite superior controla el 80% de la riqueza del país mientras que el 99 por ciento de las personas tienen el 20% de la riqueza. Espero que un diálogo positivo ocurra entre ambos bandos, que finalmente pueda promover condiciones justas, no sólo para la élite, sino también para la clase obrera.

## Ideas y conceptos de Keynes

John Maynard Keynes (Economista británico, 1883-1946), en 1937 en el libro *La teoría general del empleo,* dijo que todas las acciones humanas tienen consecuencias directas, pero a medida que nos movemos más allá de esto, vamos a saber menos las consecuencias y cada vez más tendremos ideas vagas o el incierto será algunas veces más y a menudo menos. Alguien podría tener pérdidas o ganancias al comprar acciones de una compañía petrolera. Si no conoce cómo funciona el mercado, la persona se acercará más a lo incierto porque un inversionista debe saber cómo funciona la especulación. Sin embargo, conocer el mercado tampoco le garantiza obtener las ganancias deseadas. Otro ejemplo, un estudiante podría llegar a la Universidad para obtener una licenciatura en informática porque quiere conseguir un buen trabajo en el futuro. Como no sabemos las probabilidades en el campo de la informática, es incierto que estos trabajos estén en demanda en los próximos años. Esto sucede porque no hay maneras científicas para calcularlo. Podemos conseguir probabilidades a corto plazo, pero sigue siendo una idea vaga. Otro ejemplo menos extremo, es cuando una persona tiene hambre, si come alimentos suficientes, es obvio que no tendrá apetito en las próximas horas. Esto demuestra que se pueden predecir las consecuencias de algunas acciones en algunos aspectos.

Sin embargo, Keynes sugirió que cuando las acciones humanas están relacionadas con dinero; esto puede conducir a una persona a pensar en el futuro, especialmente cuando estas actividades representan la inversión y préstamos. Una persona podría obtener un préstamo que acuerda a pagar en treinta años. Pero la persona podría morir o tener un accidente de automóvil. Esta consecuencia a largo plazo es un riesgo que un inversionista podría tomar en este negocio. Por lo tanto, una persona millonaria siempre piensa bien lo que va a hacer con el dinero para crecer o para ganar más dinero.

Keynes también en su época se dio cuenta que existía una tendencia de algunas personas adineradas en guardar su dinero porque querían una mayor preferencia de liquidez. Pero en la actualidad, el oro puede convertirse en dinero en efectivo rápidamente, así que alguna persona próspera le gustaría invertir en este, en lugar de prestar su dinero. Además de esta suposición, Keynes señaló que era importante entender qué hacen los seres humanos con respecto a la incertidumbre.

En primer lugar, Keynes afirmó que tendemos a asumir que el pasado es una buena guía para el futuro, en términos de invertir dinero. Por esa razón, algunos expertos pueden asesorar a una persona a invertir su dinero en el Mercado Financiero. Estos expertos están en la televisión o en algunos otros medios, donde pueden mostrarles a las personas que cuando el mercado sube y baja, es debido a que se cree que siempre hay una esperanza.

En segundo lugar, tendemos a asumir que existe un conjunto eficiente de precios como las acciones y bonos. Por tal razón, los inversionistas no pueden actuar inteligentemente fuera del mercado. Algunos expertos en la década del año 2010 podrían haber pensado que sabían lo que iba a ocurrir con las acciones de la Corporación Apple, pero el mercado ya lo sabía con anticipación. Durante los años 1990 a 2007 algunos economistas creyeron en la hipótesis del Mercado Eficiente. Sin embargo, el Sistema Eficiente de precios como una forma convencional de pensar guiaron a los inversionistas a diversificar la inversión, y seguir el mercado porque según ellos conocían el futuro.

El tercero, se relaciona a la Psicología Social del mercado, la cual significa que como el futuro es incierto, tendemos a buscar las opiniones de los demás, especialmente la tendencia promedio. Pero a veces esta tendencia podría ser influenciada por otras personalidades importantes, quienes podrían ser más carismáticos que los críticos promedio. En este escenario la inestabilidad podría tomar el control de la situación. En un concurso de belleza los jueces promedio podrían votar por determinadas candidatas. Pero si alguna importante personalidad carismática cree o vota por ciertas características, podría influir en los jueces y cambiar sus puntos de vista.

Después de que Keynes analizara las tres ideas convencionales, sugirió que acaparar dinero no es necesariamente una actitud equivocada y lo más fácil de hacer, sin embargo, los inversionistas son inducidos a invertir su dinero y prestarlo. Pero Keynes dijo que cuando hay una mayor propensión a acaparar también hay una mayor preferencia de liquidez, aunque a veces es muy baja la propensión a acaparar.

Keynes mencionó que las tasas de intereses con las primas tienden a provocar baja propensión a acaparar porque las dos formas de aumentar la riqueza es prestar e invertir el dinero. Una persona podría invertir su dinero con la compra de máquinas nuevas como bienes de capital para el negocio. En el futuro esta inversión podría producir beneficios, lo cual es la expectativa. Antes de llegar a esta conclusión, una persona de negocios podría estimar o calcular los salarios de los empleados, el precio de las máquinas, y otros materiales para los próximos años. Pero no es fácil hacer una estimación muy exacta porque es difícil predecir el futuro. Por ejemplo, cuando el precio del petróleo es muy alto, los precios de algunos productos son altos. Esto demuestra que este proceso es volátil y frágil. Otra persona podría evitar acaparar poniendo su dinero en un proceso de préstamos, en el cual puede obtener seis por ciento o menos de intereses.

Aún así, hay dos maneras de prestar dinero; uno es el dinero del banco y el otro es el dinero normal o adecuado.

El dinero del Banco se basa en la confianza. Si una persona desea comprar un reloj, pero si no tiene dinero en ese momento, puede en una hoja de papel comprometerse que lo pagará en una fecha determinada. Es decir, es un compromiso el cual asegura que la persona pagará. Sin embargo, si una persona paga con dinero en efectivo, sería dinero normal.

Otro punto importante es cómo trabajan los procesos de préstamos y cómo esto produce valores. En este asunto decía que un banco cobra contra *sí mismo* en la entrega de dinero. Por ejemplo, Mike podría hacer un depósito de cien dólares al banco, éste debe a Mike cien dólares, pero si Mike hace un cheque a Jane de cien dólares, ella podría cobrar el cheque o mantenerlo en su cuenta de ahorro. En esta situación, una vez más el banco debe cien dólares.

En otras palabras, Keynes sugirió que cuando las personas colocan dinero en los bancos, esta acción los mueve. En este proceso cuando una empresa individual hace un depósito puede ganar uno por ciento de intereses, pero si el Banco presta el dinero a una compañía individual, éste podría cobrar alrededor de seis por ciento de intereses. Keynes también sugirió que se agrega valor porque una empresa puede comprar máquinas nuevas para el negocio. Otra persona podría usar el dinero para el consumo como comprar un televisor en la tienda "Best Buy". Al final de este proceso, el dinero del préstamo regresa al mismo banco porque es la manera en que funciona el sistema bancario.

Además, este proceso puede generar más cobros a otros bancos porque las empresas o personas individuales utilizan diferentes bancos para hacer las transacciones financieras. Los bancos inducen a los adinerados a invertir su dinero. Por eso, la inducción controla la riqueza cuando se ponen los depósitos y luego dan préstamos para producir más riqueza. Si el sistema bancario está manejado principalmente por tres grandes bancos, estos pueden prestar diez millones de dólares a alguien, es posible que los grandes bancos absorban el dinero en depósitos como el Banco "A" puede recibir cuatro millones; Banco "B" puede recibir cuatro y el "C" puede obtener dos.

Sin embargo, cuando hay pocos depósitos con una cantidad insignificante de dinero podría detener el proceso de préstamos, pero nada puede detener a los bancos porque estos saben cómo controlar el sistema bancario. Los bancos saben que no tienen que prestar mucho dinero cuando no hay muchos depósitos. Y también en momentos de crisis conocen muy bien qué dirección pueden tomar, especialmente cuando interviene el Banco Central llamado FED, que regula el sistema con el fin de mantener el equilibrio y emitir dinero cuando es necesario. El Banco Central podría prestar dinero a corto plazo cuando los bancos no tienen suficientes depositantes. El propósito principal de prestar dinero es alentar más préstamos lo cual hace que el sistema funcione.

Keynes señaló que el consumo es otro elemento importante dentro del sistema del capitalismo, y la propensión a consumir depende del nivel de ingresos. Afirma que cuando el nivel de ingresos aumenta o los salarios suben, el consumo sube. Sin embargo, no todas las personas cuando reciben enormes aumentos en sus ingresos consumen más. Si alguien obtiene un incremento de salario de cinco mil dólares, la persona podría ahorrar una pequeña parte de este dinero. Al contrario, si una persona recibe cinco millones de dólares de aumento de salario podría gastar doscientos mil dólares o menos y guardar el resto. En este caso, la propensión a consumir es muy baja. Algunas personas podrían producir maquinaria para la industria de la agricultura; los agricultores podrían comprar la maquinaria, y producir productos como el maíz y queso.

Otras compañías podrían producir automóviles. Aun así, si uno compra un automóvil muy bonito y caro, el consumo es altamente efectivo, pero no necesariamente produce un valor. Si una persona compra un vehículo por una cierta cantidad de dinero hoy, mañana el carro no va a tener el mismo precio. El vehículo costará menos si la persona quiere venderlo. Todo el mundo consume producto todos los días, haciendo esta acción los consumidores producen muchos empleos, eficiencia marginal del capital y más riqueza para los inversionistas.

En el libro *La teoría del empleo, interés y dinero*, Keynes manifestó que las inversiones en bienes de capital pueden ayudar a mejorar el empleo, que se relaciona con la expectativa del efecto de la demanda. Durante la década de 1930, el desempleo era casi el treinta por ciento, aunque los automóviles, acero y otros productos industriales y de fabricación eran producidos en los Estados Unidos.

Sin embargo, en los tiempos modernos, nuestra industria se basa casi en ventas al menudeo (Walmart, Target, Kmart, Macy's, etc.) y servicios (hospitales, escuelas, tribunales, hoteles, restaurantes, etc.) Muchos productos ahora se fabrican en otros países donde las empresas pueden pagar bajos salarios y sin tomar responsabilidad de las necesidades de los empleados. Entre estas compañías están Apple y Microsoft que no fabrican muchos productos en los Estados Unidos y en Walmart se pueden comprar productos, pero la mayoría de estos son producidos en el extranjero.

En relación a esta tendencia Keynes afirmó que expectativa del efecto de la demanda y la inversión en bienes de capital necesitan ser reanimados. Por lo tanto, cuando no hay propensión a invertir, esto tendrá que ser inducido. Y la eficiencia marginal será una importante razón para invertir, porque este es el retorno del capital o las ganancias. La actual tasa de interés que pagaría por el préstamo debe ser tomado en consideración y el costo de bienes de capital como máquinas, costo de la fuerza laboral y otros materiales utilizados en la producción.

Todo esto conduce a las personas hacia el futuro, por lo tanto, algunas personas están dispuestas a tomar riesgos y desafíos. Tal como lo hizo Henry Ford, quien se declaró en bancarrota varias veces, pero finalmente se convirtió en un inversionista exitoso.

Otro importante punto de Keynes es respecto a la inversión, la cual es la separación de los asuntos entre el sentido de pertenencia y administración. Dijo que los accionistas tienen poco o ningún efecto directo sobre la empresa en términos de inversión y que la administración es la que sigue un proceso en la toma de decisiones. Si la empresa necesita una máquina nueva, el gerente de la empresa propondrá comprarla a uno de los principales accionistas de la empresa. También si él administrador desea construir otra planta y ampliar la empresa, puede proponer esto al accionista mayoritario. Pero si esta inversión falla, el administrador perderá su trabajo, y las acciones podrían ser devaluadas. La empresa podría perder el valor de las acciones; si éstas solían costar cien dólares, costarían cincuenta y después veinticinco dólares. Por esa razón, los accionistas mantienen sus miradas en el mercado bursátil para ganar dividendos de una compañía a largo plazo. En otras palabras, los inversionistas tienden a favorecer más a la especulación de las empresas porque si compran un barril de petróleo en cien dólares, en un futuro cercano podrían venderlo por más de cien dólares a las personas que realmente lo necesitan. Estas actividades podrían reflejar que cuando los gerentes están encargados de dirigir las empresas y proponen inversiones, los accionistas no son necesariamente los que deciden si quieren invertir su dinero.

Sin embargo, Keynes señaló que la empresa privada maneja al capitalismo moderno, que proporciona empleo y que cuando la especulación está al mando, es cuando existen los problemas que se manifiestan en la irracionalidad. Las empresas de manufactura y servicios pueden crear más puestos de trabajo, pero la especulación proporciona una pequeña cantidad de puestos de trabajo entre la gente debido a que algunas empresas pequeñas asesoran a personas adineradas en cómo invertir su dinero. Por lo tanto, las empresas contratan o crean pocos puestos de trabajo.

En conclusión, Keynes afirmó que cuando las riquezas se dirigen a la especulación, esto crea una grave crisis económica como la década de los años 1930.

## Las finanzas y la crisis económica de EE.UU. del año 2008

Actualmente, todavía sentimos el impacto de la crisis económica del año 2008, y una gran preocupación del futuro. La tasa de desempleo es inestable y menos probable que disminuya en grandes cantidades. Durante el último par de años, miles de personas han perdido sus casas, muchos programas sociales y programas escolares están en riesgo de obtener menos recursos económicos. Por lo tanto, es necesario entender lo que ocurrió en los últimos años y lo que está pasando en la actualidad y cómo esto afecta las finanzas.

La crisis económica del año 2008 es un claro ejemplo de este tema. Pero para tener una perspectiva más clara es importante comprender las etapas del sistema financiero basado en ideas, y conceptos de John Maynard Keynes y algunos nuevos conceptos de reconocidos escritores.

En el artículo *"La Subida y Caída de las Finanzas y el Final de las Organizaciones de la Sociedad"*, Gerald F. Davis (Sociólogo estadounidense, 1961-presente), sugirió que las finanzas son el punto principal de nuestro sistema económico, y que las inversiones para las producciones de mercancías han disminuido en la etapa de desindustrialización (desde 1936 hasta nuestros días). Pero antes de analizar el punto de vista de Davis, es necesario comprender la raíz del sistema financiero en el capitalismo. Por esta razón, es importante mencionar que en el libro *El largo siglo XX*, el escritor Giovanni Arrighi (Académico italiano de políticas económicas y sociología, 1937-2009), señaló que el sistema financiero ha desempeñado un papel muy importante para el desarrollo del capitalismo en los últimos cinco siglos. Las finanzas comenzaron a jugar este papel importante en los siglos XV y XVI en Europa, especialmente en el Norte de Italia cuando traían mercadería de China a Europa. Durante este período, el intercambio de mercancías era la práctica y las finanzas han contribuido a ello.

Al final de los siglos XVI y XVII, la República holandesa comenzó la práctica mercantil y producción en Europa, incluidos los países del Este. Estas actividades fueron apoyadas por el sistema financiero. Después de esto en Inglaterra, en los siglos XVIII y XIX el comerciante comenzó a perder importancia, mientras la industrialización se convirtió en una renovación en el sistema rentable. En los Estados Unidos, estos cambios en Europa encaminaron el sistema lucrativo al siglo XX, en el cual la industrialización tomó el control de la producción de automóviles, y el acero se volvió muy importante. Todo esto no hubiera sido posible sin el funcionamiento del sistema financiero.

Sin embargo, durante la década de 1930 este sistema económico se derrumbó cuando mucha riqueza fue puesta en el mercado bursátil, y menos en la producción de bienes, pero comenzó a recuperarse después de la Segundo Guerra Mundial. En consecuencia, en los años 1950, 1960 y 1970 una gran productividad y prosperidad tuvo lugar. En estas décadas, se fabricaron más automóviles, refrigeradores, televisores y otros productos. Desafortunadamente, a partir de los años 1980 hasta los 1990 otra recesión económica tuvo lugar, y otra más en el año 2008, las cuales desestabilizaron el sistema económico de Estados Unidos y el mundo.

En la década de 1930, Keynes manifestó que esto siempre sucede cuando la inversión en el mercado de valores aumenta mientras disminuye la inversión en bienes del capital (maquinaria, equipo y otros tipos de herramientas.

Pero en su análisis, Davis dijo que dentro del sistema de mercado, existen tres niveles importantes que impulsan nuestra economía.

El primero de ellos, es el financiero que está dirigido por un pequeño número de personas que invierten en el mercado de valores y bienes de capital.

La segunda, es la economía de mercado que ayuda a mover la mercancía y venderla como los contenedores que vienen y parten con la mercancía en los puertos como el puerto de Oakland, California.

La tercera, es la economía real, entre los que se encuentran los productos hechos de un trozo de madera como mesas y muebles. Existen también otros productos hechos de otros materiales como los discos compactos (CDs), radios, y otros.

Paradójicamente, Davis comentó que entre estos tres niveles, hay una importante capa llamada antimercado. En relación a esto, Keynes décadas antes había advertido que invertir dinero en riqueza material puede aumentar las ganancias, pero una enorme cantidad de dinero que se invierte en la Bolsa de Valores afecta negativamente a la industrialización. Como resultado, la desindustrialización tomó lugar afectando negativamente la economía en épocas anteriores.

Actualmente, esa es la razón que está afectando nuestra economía. Hace décadas, la General Motors (GM) era parte del grupo de fábricas que producían automóviles, pero hoy el gran símbolo de nuestra economía es Walmart, la cual es una corporación que compra y vende productos que se producen sobre todo en países extranjeros. Como dijo Keynes, esto sucede porque los más pudientes están orientados a invertir en el mercado de valores porque pueden conseguir mejor y rápidos beneficios, en comparación a si invirtieran en una empresa que no conocen muy bien. Ellos pueden vender los bonos y las acciones en altos precios y pueden hacerlo cuando lo consideran conveniente; este podría ser un compromiso a corto plazo.

Sin embargo, Davis dijo que durante la década de 1980, los inversionistas institucionales se hicieron jugadores más dominantes en el sistema económico administrando los fondos de las pensiones, las cuales los trabajadores consideraban como algo propio.

Además, la opinión pública promedio también invierte en el mercado. Por lo tanto, necesitan encontrar empresas para administrar el dinero con el fin de ser más lucrativa y así obtener ganancias. En este proceso, podríamos ver la película "Wall Street", producido por Oliver Stone, en la cual los accionistas toman el poder en una institución inversionista. En la película, el personaje principal es Michael Douglas, quien se nominó a *sí mismo* para obtener la posición de Gerente en una empresa enorme y poderosa. Como él era dueño del diez por ciento de las acciones de la empresa, quería hacer una gestión más responsable con los accionistas argumentando que la codicia es buena y que los inversionistas merecían obtener mejores ganancias.

Pero, Davis manifestó que esa financiarización de inversión que tuvo lugar en la década de 1980, la inversión llegó a ser la base de los accionistas que fue básicamente el aumento de la inversión en la empresa y no la fabricación de un producto. Un Gerente General de una empresa puede gestionar grandes inversiones institucionales, pero estará centrado en los valores de los accionistas.

El Gerente también puede tomar decisiones de inversión, mientras los inversionistas institucionales no dictarán la decisión final. Actualmente, empresas reconocidas en el mundo como Nike y Coca Cola no fabrican nada; Nike es dueña del estilo del producto y da el nombre de la marca para venderlo. Igualmente, Coca Cola subcontrata a otras empresas para producir los productos y distribuirlos.

Este proceso está basado en la propiedad intelectual, y uno de los efectos negativos es que pocas personas trabajan en estas empresas porque éstas subcontratan a otras. Este cambio fundamental basado en la propiedad intelectual, es el resultado de la función de las grandes inversiones institucionales y el valor de los inversionistas, pero no en la cantidad de máquinas que están en las empresas.

Otro comentario importante de Davis es cómo actualmente el proceso de préstamos ha desempeñado un papel importante dentro del sistema bancario. Así como Keynes señaló décadas antes, cuando un banco reclama contra *sí mismo* puede originar préstamos e hipotecas. Por ejemplo, dos personas (A y B) pueden obtener un préstamo o una hipoteca; la persona "A" puede obtener ciento quince mil dólares y la persona "B" puede recibir cien mil dólares; estos préstamos o hipotecas puedan generar un cobro contra sí mismo, si se utiliza el dinero de los deudores para comprar un producto que regrese al mismo banco porque el vendedor podría tener su cuenta en el mismo. Y estas transacciones pueden generar un cobro contra otros bancos también. Si estas hipotecas se utilizan para comprar casas; el dinero del banco podría incrementarse.

Sin embargo, Davis dijo que otro elemento fue agregado en este proceso, como la seguridad de los préstamos e hipotecas. En los últimos años, los bancos vendieron los préstamos e hipotecas a otras instituciones financieras. Para garantizar estas transacciones, estas hipotecas y préstamos fueron vendidos por Countrywide a empresas privadas de financiación como Goldman Sachs y algunas otras empresas. Por ejemplo, si estas empresas privadas compraban de tres mil a cuatro mil hipotecas, podrían ofrecer a los inversionistas bonos seguros los cuales serían de ochenta por ciento, que significaría no arriesgo en la inversión y bajo retorno. Esto generalmente estaría seguro, pero el diez por ciento sería sin alto retorno y por último estaría el riesgo que es diez por ciento con un alto retorno. En el bajo nivel de riesgo, el peor escenario sería que diez por ciento de los deudores no iban a pagar las deudas.

Además, en este proceso la seguridad sintética de hipoteca del Banco y, activo nuevo de seguridad bancaria que incluyen el cumplimiento crediticio y obligaciones de deudas colaterales, fueron utilizadas para garantizar los préstamos e hipotecas a los inversionistas. Específicamente, las corporaciones utilizaron estas herramientas para garantizar la compra que hacían, aun cuando la transacción estaba en el grado de riesgo, pero la empresa AIG también aseguró la inversión de las personas que compraron bonos en grado seguro (80% seguro).

Estas dinámicas fueron influenciadas por las corporaciones debido a que vieron esto como un negocio muy lucrativo. Luego algunas de estas corporaciones financieras compitieron y adquirieron muchas de esas hipotecas y préstamos.

Sin embargo, James O'Connor (Sociólogo y economista estadounidense, 1930-presente) en el libro *La crisis fiscal del estado*, expresó que es importante señalar que, a mediados de la década de 1970 los Estados se convirtieron más orientados a privatizar activos del estado. Esto sucede porque a veces los Estados no tienen suficientes ingresos para pagar los programas. Hace algunos años el ex gobernador de California Arnold Schwarzenegger quería vender edificios del Estado, pero el Estado tendría que pagar el alquiler a quien comprara el edificio. O'Connor sostiene que los Estados tienden a buscar a alguien para hacer ciertas actividades en lugar de hacerlo por sí mismo. De hecho, en California, las cárceles son instituciones privadas que se están manejando de este modo.

En cuanto a la crisis financiera, es importante entender el papel relevante para garantizar las hipotecas que jugaron las instituciones Fannie Mae financiada por el Gobierno Federal en la década de los años 1930 y privatizada en la década de los años 1960 y Freddie Mac financiada también en la década de 1960.

Hoy en día podemos entender que estas instituciones también promovieron el concepto de una casa propia para la clase trabajadora, especialmente durante las administraciones del presidente Bush (2000-2008), en la cual algunos conservadores y algunos liberales creyeron que era bueno para las familias y para la economía del país. Específicamente, el concepto principal motivó a muchas personas a comprar casas que en el pasado no eran elegibles para obtener hipotecas. Sin embargo, en la primera década del año 2000 muchas personas no sabían que dos o tres años después de haber adquirido las hipotecas, las mensualidades de las mismas serían más elevadas, las cuales no podían pagar. Las ejecuciones hipotecarias comenzaron a impactar negativamente a la gente y al sistema económico.

Como resultado, los inversionistas tenían miedos de invertir su dinero y evitar prestarlo porque no sabían muy bien cómo eran los activos tóxicos. En consecuencia, todas estas acciones causaron una recesión económica profunda que empezó en el año 2008 en los Estados Unidos y el mundo entero. Esta situación no es nueva, por ello es necesario entender cómo el sistema de crédito llegó a ser relacionado con la propensión a consumir, especialmente durante la década de 1980 hasta la actualidad.

Sin embargo, fue en la década de 1930 cuando Keynes señaló que el consumo es otro elemento importante dentro del sistema capitalista y la propensión a consumir depende del nivel de ingresos. Afirma que cuando el nivel de ingresos aumenta o los salarios suben el consumo sube demasiado.

La mayoría de las personas que reciben significantes aumentos en ingresos económicos consumen más. Si una persona obtiene un aumento de cinco mil dólares podría ahorrar una pequeña parte de este dinero. Contrariamente, si una persona recibe cinco millones de dólares de aumento podría gastar doscientos mil dólares o menos y guardar el resto del dinero. En este caso, la propensión a consumir es muy baja.

Pero en el libro *Después del Shock,* Robert Reich (Analista político, profesor universitario y escritor estadounidense 1946-presente) sugirió que desde la década de 1980 hasta la actualidad los ingresos de la clase trabajadora y la clase media disminuyeron, mientras la línea de crédito aumentó. Reich manifestó, "Entre 1997 y 2007, las finanzas se convirtieron en la mayor parte de la economía estadounidense. Las ganancias y abusos de especialistas, comerciantes y ejecutivos financieros representaron casi dos tercios del crecimiento en el producto nacional bruto. En el año 2007, las empresas financieras y de seguros representaron cuarenta por ciento de la ganancia corporativa estadounidense, casi tan grande a un porcentaje de pago hasta un diez por ciento durante la gran prosperidad" (P 56). Esto significa que la economía estadounidense está bien conectada a la financiación.

Después de la Segunda Guerra Mundial, las clases media y trabajadora experimentaron un crecimiento de ingresos y ahorros. La desigualdad económica sufrió cambios en comparación a los años 1920 y 1930 cuando aumentó la desigualdad. David dijo que desde la década de 1980, la gente puede tener más dinero disponible, pero se basa en la línea de crédito, y los ingresos están en declive. Algunas personas con este dinero disponible podrían refinanciar sus casas, usar el dinero para la educación y comprar productos. Una persona puede refinanciar su casa y utilizar $5,000 (una parte de la refinanciación) para comprar productos, esto es lo que Davis llamó el efecto de riqueza, y está relacionado con la propensión a consumir (concepto de Keynes).

Por supuesto, todo esto puede suceder si una persona tiene un buen historial de crédito. Con este concepto, podemos entender que la propensión a consumir no se basa en ingresos, ahora está basado en el sistema de crédito. Por ende, Reich, enfatiza, "Para resumir: El problema fundamental es que los estadounidenses ya no tienen el poder adquisitivo para comprar lo que la economía estadounidense es capaz de producir. La razón es que una porción mayor del total de ingresos ha estado yendo a la parte superior. Lo que está roto es el pacto fundamental que vincula la remuneración a la producción. La solución es rehacer el pacto", (p 75). Reich comenta que la clase alta está acumulando una gran proporción de la riqueza, mientras que la clase media y clase baja están poniendo una pequeña proporción, que evitan la propensión a consumir. Él sugiere que es necesario más inversión para la producción de bienes para hacer un sistema económico funcional. Por lo tanto, más inversión en bienes del capital produce más empleo y más propensión a consumir.

En otras palabras, si las empresas recibieran suficiente inversión para producir más productos los trabajadores podrían tener un trabajo, podrían comprar productos y producir más empleo, porque están consumiendo otros productos. También al menos una proporción grande de estos productos debería ser producida en este país.

## La sociedad de riesgo y la sociedad de individualización

Ulrich Beck (Sociólogo alemán, 1944-presente), en el libro *Sociedad de riesgo; hacia una nueva modernidad,* sugirió que la sociedad contemporánea tiene que entender dos importantes puntos de vista: La sociedad de riesgo y la sociedad de individualización. Es importante entender estos dos conceptos y es necesario analizar cómo estos socavan el poder de todas las identidades colectivas. Según Beck en la primera modernidad que tuvo lugar en el siglo XVIII y finales del XX fue cuando la sociedad capitalista industrial moderna surgió. Seguidamente, la segunda modernidad comenzó a tomar lugar. Beck argumentó que esta segunda modernidad tiene dos principales conceptos como la sociedad de riesgo y la individualización de la sociedad.

En la sociedad del riesgo, existen cinco formas importantes de riesgos: los riesgos invisibles, distribución y crecimiento económico de riesgo, difusión y comercialización de riesgos, el desbalance o riesgo afligido y los riesgos socialmente reconocidos.

El riesgo invisible se relaciona con el humo, y elementos tóxicos que las industrias propagan en el aire y radioactividad que, algunas industrias pueden crear después de un accidente. Algunos científicos podrían argumentar que estos riesgos pueden causar problemas de salud a las personas que viven dentro de esta área. La gente podría sufrir de asma u otras enfermedades respiratorias. Además, estos riesgos pueden ser las causas de los trastornos del medio ambiente, que incluyen el sobrecalentamiento de la tierra.

Como resultado de este cambio, los animales y las plantas también se ven negativamente afectadas. Algunas áreas verdes no pueden recibir el agua necesaria, se convierten en áreas cálidas y los animales podrían morir porque no consiguen comida y agua.

Por otro lado, algunas otras áreas que solían ser calientes ahora tienen demasiada agua, lo cual crea inundaciones y derrumbes. A esto la ciencia le llama cambio climático. Algunos científicos afirman que la tierra está naturalmente en continuos cambios, pero después de la revolución industrial, la capa de ozono ha sido afectada por la contaminación en el aire. Otros científicos minimizan este impacto y argumentan que la Tierra está naturalmente en continuos cambios y no hay nada malo con elementos tóxicos en el aire. Sin embargo, Beck argumentó que algunos riesgos son reales, y algunos no lo son.

Otro riesgo importante es la distribución y el crecimiento económico, en el cual el beneficio podría no ser suficiente para curar el daño causado por la falta de reconocimiento del límite de los negocios rentables. Si algunas industrias son contaminadoras y trasladan sus fábricas a otros países de todos modos van a ser afectados porque las empresas colectivas que contamina el planeta contribuyen al cambio climático. Además, todos aquéllos que reciben beneficios de las contaminaciones provocan también las desigualdades entre los seres humanos, no sólo en el ámbito local, sino también en todo el mundo. Los trabajadores no ganan dinero suficiente para pagar sus casas, comprar alimentos, seguro médico y algunas otras importantes necesidades humanas básicas, especialmente en los países más pobres.

La difusión y comercialización de riesgo es otra parte en el cual, si una ganancia se obtendrá sin riesgo, el negocio se realizará.

El desbalance o riesgo afligido es otro elemento en este concepto. En este elemento, el riesgo no está en nuestras manos. Por ejemplo, la gente puede estar infectada por un alimento envenenado, pero a veces no lo sabe. La ciencia determina el riesgo como el sobrecalentamiento global y cómo la gente normalmente no sabe qué hacer. Y también no hay ninguna garantía acerca de un riesgo real.

El último de estos elementos del concepto de riesgo es el reconocido riesgo social, en el que la conciencia pública exige hacer algo acerca de un riesgo inminente. Para ilustrar, la deforestación de las zonas verdes importantes como Las Amazonas podría afectar negativamente a la Tierra. Otro ejemplo es la Compañía B.P. que derramó petróleo en el Golfo de México en el año 2010, lo cual afectará el medio ambiente durante muchos años. La gente se preocupó por el daño causado por el derrame de petróleo que afectó negativamente a los animales, mar y playas. Algunas personas también se preocuparon por la industria pesquera.

En cuanto a la individualización, se define como un proceso social que incluye una preocupación central en la educación. Esta preocupación central está relacionada con el control sobre la vida, en la cual la educación es forzada sobre nosotros, con el fin de hacernos sobrevivir económicamente debido a que necesitamos un trabajo decente. Además, la gente quiere tener control sobre sus vidas. Una educación formal proporciona credenciales individuales, igualmente el sistema educativo conduce también a la individualización.

En el sistema educativo, primero las personas se consideran individuales, en segundo lugar clasificados y de último consiguen la credencial. Si trabajas en un grupo de todos modos serás individualmente evaluado.

La individualización tiene dos etapas; una es la primera modernidad en la cual la sociedad industrializada capitalista tiene un estado centralizado. La otra individualización está relacionada con la modernidad de los riesgos.

En la primera modernidad, la visibilidad aparece como un nivel en el cual en el mercado laboral se estandarizaron las horas de trabajo, y en los lugares de trabajo, se establecieron contratos comunes, los cuales proporcionaron seguridad en el empleo.

Sin embargo, en la segunda modernidad la individualización se relaciona con los riesgos, en las que hay tres elementos importantes.

En primer lugar, hay una desincrustación en la cual los individuos se alejan de algo y hacen lo propio. Algunas personas no creen que es necesario seguir las reglas tradicionales para sobrevivir. También no ven incentivos para trabajar o hacer actividades productivas.

En segundo lugar, tenemos la pérdida de seguridad, lo cual conduce a un conocimiento práctico y que el estilo de vida fue dado por sentado. Algunas personas no tienen un trabajo seguro, tampoco tienen beneficios médicos, contrato sindical y pueden ser despedidas en cualquier momento.

En tercer lugar, está la reincrustación que está relacionada a la esfera privada de las personas (hogar), y la economía privada que nos lleva al mercado laboral, el cual conduce a la gente a controlar sus vidas. En este elemento, a las personas se les dice qué hacer y hacia dónde dirigirse. Las personas también llegan a ser dependientes de esto, existe más flexibilidad laboral; las obras están descentralizadas y existe más orientación a tener un contrato individual entre empleados y empleadores.

Existe otra área dentro de la esfera privada, en la cual la convivencia es afectada negativamente. La esfera privada está relacionada con la convivencia que es impactada por la incorporación en la segunda modernidad. La esfera privada tiende a ser sacudida por la individualización, especialmente por la preocupación de género. Las mujeres comenzaron el proceso de autodesarrollo, por ello los hombres pierden a las mujeres por el enfoque al "yo soy" o "soy mujer", o "soy hombre". En este proceso se experimenta un avance individual en educación y oportunidades de trabajo. Las mujeres son libres de estar atadas a un esposo y no libres realmente como una vida autónoma fuera del hogar. Este proceso está conectado a la forma tradicional de vida porque aún existe mucho trabajo por hacer en casa. Las mujeres no ganan mucho dinero, y es más difícil para ellas conseguir un buen trabajo.

Además, Beck afirma que las mujeres dan a luz a los niños, los cuidan cuando se enferman, se sienten responsables de ellos y los ven como una parte esencial de sus vidas. Además, los hombres no son el apoyo sólido para la familia y la relación de los hombres con la familia es frágil porque están inclinados a la dependencia de las mujeres. Por ejemplo, la ropa necesita ser lavada y algunas tareas de la casa deben hacerse.

Sin embargo, el riesgo e individualización pueden ser desafiados por movimientos colectivos. Los sindicatos, organizaciones progresistas y los grupos étnicos están orientados a mejorar el bienestar de las personas de ingresos medios y bajos. Los sindicatos organizan a los trabajadores y negocian contratos colectivos con los empleadores. En este contrato, los trabajadores pueden tener salarios decentes, beneficios médicos y condiciones de trabajo saludables.

Desafortunadamente, debido a la globalización o tratados de libre comercio, algunas industrias han trasladado sus fábricas a otros países donde pueden pagar bajos salarios a los trabajadores y evitar pagar impuestos por lo que producen. Por ejemplo, hace algunos años la empresa Levis solía tener una fábrica en San Francisco, California, pero trasladaron la fábrica a un país de Centro América para evitar pagar salarios decentes a los trabajadores, y una tasa de impuestos acorde a las ganancias obtenidas.

Algunas otras compañías mudan sus fábricas a México, especialmente a las ciudades ubicadas en el área fronteriza de Estados Unidos y México, o las trasladan a otros países. Las maquiladoras son unas de muchas industrias que practican esta estrategia que está llevando al país al desempleo, más consumismo y menos fabricación de productos.

Existen algunas industrias que todavía no están muy afectadas por esta estrategia. Las industrias de servicios y transporte son la columna vertebral que con base en factores racionales siguen siendo inmunes. Esto sucede porque no se pueden mover los hospitales, escuelas, hoteles, oficinas burocráticas y autopistas a otros países. Pero el sistema tiende a privatizar o subcontratar a empresas para proporcionar los servicios que ofrecen a la sociedad.

Otra importante fuerza que está tratando de mantener y mejorar las condiciones de vida de las personas es el movimiento colectivo y progresista que apoya a Obama. Aunque no todas las personas están felices con la Reforma de la Salud y Reformas Financieras, estas reformas son algunos pasos hacia adelante que impactarán positivamente a muchas personas. Por ejemplo, muchos pacientes con enfermedades terminales quedaban sin seguro médico debido a sus enfermedades, con esta nueva ley, la gente tendrá un apoyo legal para desafiar a las compañías de seguros.

En la nueva Reforma Financiera hay nuevas regulaciones para las corporaciones que abusaron del libre mercado y creó la reciente crisis financiera mundial, especialmente la situación de ejecución hipotecaria en Estados Unidos. En esta nueva ley financiera el Gobierno no necesariamente se compromete a dar rescates a empresas en caso de que se enfrenten a problemas de liquidez o rentabilidad en el futuro.

Algunos otros grupos importantes están tratando de mejorar las condiciones de vida, como es el caso del grupo étnico latinoamericano que vive en Estados Unidos. Actualmente, viven alrededor de doce millones de trabajadores indocumentados en los Estados Unidos. Muchas de estas personas cruzaron la frontera debido a la falta de empleos y oportunidades para sostener a sus familias con dignidad. Esto podría ser un ejemplo del efecto bumerán que Beck señaló sobre el riesgo.

La Globalización y Tratados de Libre Comercio están relacionados con el fenómeno de la inmigración. El gobierno mexicano considera que cinco millones de trabajadores indocumentados son de México y los demás son de otros países. Algunos políticos sostienen que el número de inmigrantes indocumentados han aumentado por el Tratado de Libre Comercio de América del Norte que fue firmado entre Canadá, Estados Unidos y México. Ellos argumentan que México no puede competir contra la sociedad industrializada de los Estados Unidos. Por ejemplo, actualmente varias empresas mexicanas compran mucho maíz y carne de res a Estados Unidos de Norte América porque es barata. Como resultado, quienes producen estos productos no tienen otras opciones, sino cruzar la frontera sin tener alguna visa o permiso de trabajo.

Existen algunos grupos de personas en EE.UU. que creen que los trabajadores indocumentados son un riesgo. Por lo tanto, tratan de aprobar leyes en algunos Estados para detener la ola de inmigración. La actual ley SB 1070 en Arizona es un claro ejemplo de ello. Pero los sindicatos, las organizaciones comunitarias, iglesias y grupos progresistas desafían el efecto bumerán, el riesgo y los conceptos de individualización.

También existen países con sus propias identidades nacionales que pueden desafiar el análisis de riesgo y la individualización. En América del Sur en el año 2011 los gobiernos de Brasil (antes del golpe de estado), Argentina (antes de que Mauricio

Macri tomara el poder) Bolivia, Ecuador, Uruguay, Paraguay (antes del golpe de estado), Venezuela, incluyendo Nicaragua (país centroamericano) estaban más inclinados a equilibrar el modelo capitalista. Estos gobiernos están tratando de proporcionar mejores servicios sociales a las clases media y baja. Ellos rechazaban la fórmula del neoliberalismo que es utilizada para presionar a los gobiernos a privatizar las instituciones que administran los recursos naturales y servicios del Estado. Estos gobiernos argumentaban que esta vieja fórmula no funciona, porque esto crea desequilibrio entre las sociedades y los gobiernos no tienen suficientes recursos económicos para los programas sociales básicos como educación, salud y otros. Por lo tanto, este grupo de países tenían menos probabilidad de sufrir un impacto mayor de la crisis económica mundial como solían tenerlo. Todavía sufren y tienen otros problemas, pero practican una orientación colectiva que afecta positivamente en su mayoría a la clase media y pobre. La CEPAL (Comisión Económica para América Latina y el Caribe), agencia de las Naciones Unidas indica que en el año 2009, había ciento ochenta millones personas que vivían en la pobreza extrema, pero debido a la orientación de equilibrar la sociedad en estos países, el aumento de la tasa de pobreza es menor de lo que esperaban.

Este resultado ocurrió debido a estas nuevas sociedades de cambio en América Latina, aunque algunas fuerzas políticas y económicas en los Estados Unidos creen que existe un riesgo en estos países. Sin duda, una nueva tensión relacionada con el riesgo y la individualización está ocurriendo en América del Sur. En el pasado, las empresas de los Estados Unidos solían dominar económicamente y políticamente estos países, pero parece que ahora una nueva forma de democracia está llevando a estas sociedades a alcanzar un equilibrio, es decir, suficiente beneficio para gente adinerada y justos recursos para las clases media y baja.

Beck sugirió que la evolución del riesgo y la individualización, desestiman la identidad nacional de las personas colectivamente como criar a sus hijos en lugares seguros, no hacer guerras innecesarias, empleos decentes, seguros médicos asequibles, pensiones, educación y otras necesidades humanas básicas. Existe la creencia de personas de países extranjeros, que las personas en los Estados Unidos tienen casas bonitas, buenos autos, tienen dinero suficiente para comprar alimentos y bienes, pero esta imagen se basa en la primera modernidad, no en la segunda modernidad.

El análisis de Beck, es definitivamente el reflejo de lo que ocurre en la sociedad estadounidense. Actualmente, la seguridad en el trabajo es menos regular para los trabajadores, la tasa de divorcios está subiendo y el salario desigual para las mujeres sigue siendo un problema. La individualización es parte de nuestra vida cotidiana; en las escuelas, puestos de trabajo y las familias; los riesgos están ahí todos los días; en los alimentos y en el aire. Coincido, con Beck acerca del efecto bumerán porque la contaminación afecta a las personas ricas y pobres en cualquier país.

## Seis enfoques respecto a la pobreza económica

En nuestra sociedad, existen seis formas de ver la pobreza que se utilizan para abordar los problemas sociales. Estos seis enfoques son la pobreza por privación, desigualdad, falta de capital humano, cultura, explotación y estructura. Estos enfoques tienen algunas diferencias, contrastes y convergencias.

En el primer enfoque tenemos la pobreza por privación, en el cual se cree que las personas no tienen suficientes alimentos, ropa, salud, educación y algunas otras necesidades humanas. Existe un argumento en el libro *Bienestar social: política y políticas públicas*, sexta edición, escrito por Dianna M.

DiNitto con Linda K.Cummins, que dice: "La privación es una forma de definir la pobreza. —Escasez de alimentos, vivienda, ropa, atención médica y otros elementos necesarios para mantener un nivel de vida decorosa. Esta definición asume que hay un nivel de vida por debajo del cual los individuos y las familias pueden considerarse "privadas". Este estándar es sin duda arbitrario; nadie sabe con certeza qué nivel de bienestar material es necesario para evitar la privación (p 81). Esto significa que no existe un método científico para calcular y definir el nivel de vida y decidir qué es privación o qué no es. Pero el Gobierno Federal de los Estados Unidos cada año define la elegibilidad de personas por la comprobación de los ingresos en efectivo. Esto se denomina los umbrales de la pobreza o directrices de la pobreza.

Los críticos sostienen que existen algunos obstáculos mediante el uso de estas guías. Los escritores del mismo libro sostienen, "En primer lugar, esta definición de la pobreza incluye solamente ingresos en efectivo. Entre estas inclusiones encontramos los salarios, ingresos económicos por seguridad social, asistencia pública e intereses de cuentas bancarias, todo esto antes de impuestos y excluye las prestaciones en especie tales como asistencia médica, cupones para alimentos, almuerzos en la escuela y vivienda pública", (p 83). Esto se refiere a que los beneficios en especie podrían disminuir el número de pobres, si los beneficios se reportaran como ingresos en efectivo.

El segundo enfoque es la pobreza por desigualdad, el cual se refiere a que hay personas que creen que merecen tener mejores recursos económicos comparadas a otras. Aunque este enfoque está relacionado con la falta de recursos económicos de considerables grupos de personas, esto no se considera privación.

Pero según los autores del libro este enfoque la considera como "Privación relativa", (p. 92). También es necesario mencionar que la privación relativa es considerada como un concepto psicológico, social y económico; por lo tanto, es difícil definir las categorías de los grupos.

Para medir la pobreza en los Estados Unidos es importante calcular cuánto es el ingreso económico de diversas clases de familias. Por esta razón los escritores del mismo libro argumentan, "Estas clases o grupos son difícil de establecerlos, pero un método común es que todas las familias estadounidenses se dividen en cinco grupos, desde el menor en ingreso económico personal al mayor". Esto significa que estas clases de grupos se dividen del menor, segundo, tercero, cuarto y más alto, luego el porcentaje de cada grupo se asigna a cada diez años.

La siguiente tabla muestra los números más altos de estos cinco grupos y algunos otros números importantes. Entre esta información encontramos la cuota de ingreso neto recibido por cada grupo, los cinco porcentajes altos de las familias y años elegidos.

| Grupos | 1950 | 1960 | 1970 | 1980 | 1990 | 2001 |
|---|---|---|---|---|---|---|
| Primero | 4.5% | 4.8% | 5.4% | 5.3% | 4.6% | 4.2% |
| Segundo | 12.0 | 12.2 | 12.2 | 11.6 | 10.8 | 9.7 |

141

| | | | | | | |
|---|---|---|---|---|---|---|
| Tercero | 17.4 | 17.8 | 17.6 | 17.6 | 16.6 | 15.4 |
| Cuarto | 23.4 | 24.0 | 23.8 | 24.4 | 23.8 | 22.9 |
| Quinto | 42.7 | 41.3 | 40.9 | 41.1 | 44.3 | 47.7 |
| Total | 100.0 | 100.0 | 100.0 | 100.0 | 100.0 | 100.0 |
| **Cinco** porcentajes altos | 17.3 | 15.9 | 15.6 | 14.6 | 17.4 | 21.0 |

Fuente: U.S. Oficina del censo, tablas de ingresos histórico de familias y el libro *Bienestar Social*, (p. 93).

Este cuadro refleja que las familias más pobres o más bajas de los cinco grupos recibieron en las dos recientes décadas, menos de cinco por ciento del ingreso económico personal. Y la clase media aumentó desde hace algunos años, pero disminuyó en las dos últimas décadas. Por otro lado, los ricos recibieron los mejores ingresos económicos personales en las dos últimas décadas, aún cuando en las primeras cuatro décadas fueron menos del 43 por ciento.

El tercer enfoque es la pobreza por falta de capital humano, el cual señala que las personas son pobres porque no son productivas. En pocas palabras este enfoque significa que a las personas les falta motivación. Específicamente, este enfoque sostiene que las personas carecen de capacitación, habilidades y no están suficientemente educados para competir con otras personas mejor preparadas para conseguir empleos.

Este argumento sugiere que estudiantes graduados en colegios o universidades tienen mayores posibilidades para conseguir mejores ingresos económicos, comparados a otros estudiantes que se gradúan de secundaria y aquellos que no reciben el diploma de la escuela secundaria. En el libro *Bienestar social: política y políticas públicas* los escritores sostienen que "Como evidencia parcial para esta teoría, observamos que la pobreza entre aquellos con menos de la escuela secundaria es de 22.3 por ciento, mientras que la pobreza entre quienes completaron la escuela secundaria es 9.6 por ciento. Para aquellos con alguna educación universitaria, es 6.6 por ciento y para aquellos menos de licenciatura, es 3.3 por ciento. Estas cifras reflejan que la educación es un importante factor de la pobreza.

Pero también algunos economistas sostienen que la crisis económica podría contribuir a la pobreza dependiendo de la zona donde vive la gente. Si no hay crisis económica todavía se puede conseguir un trabajo, pero podría ser un trabajo no bien remunerado o dependiendo de habilidades.

Otro factor importante de la pobreza por falta de capital humano, es la discriminación contra la mujer y contra grupos raciales. En este factor podemos encontrar a afroamericanos y latinoamericanos quienes tienen ingresos económicos menores en comparación a los hombres anglosajones. Los autores del libro también mencionan que, "Blancos no hispanos con maestrías ganan $75,000 o $187,000 por año, mientras afroamericanos ganan $60,647 e hispanos $59,901". Esto revela la disparidad de ingresos basado en preferencias raciales.

El cuarto enfoque es la pobreza por cultura, el cual sugiere que la pobreza es algo que se transfiere de generaciones a generaciones y que es difícil salir de ella. Los escritores argumentan, "La cultura de la pobreza implica no sólo un ingreso económico bajo, pero también las actitudes, indiferencias, alienación, apatía, junto con la falta de incentivos y de autoestima". Este enfoque sostiene que las personas no toman ventaja del sistema para pasar, de la clase pobre a la clase media porque adoptan esas actitudes.

También los autores del libro mencionan, "Los detractores de la idea de la cultura de la pobreza argumentan, que esta noción desvía la atención de las condiciones de pobreza que actualmente fomentan la inestabilidad familiar, falta de orientación y otras formas de vida de los pobres". Esto se refiere a que el entorno social y económico son factores importantes de la pobreza. Por lo tanto, es importante desarrollar nuevas formas para enfrentar la pobreza proporcionando puestos de trabajo, programas de capacitación, buena educación y hacerle saber a las personas que todo esto está ahí. También es necesario cortar la inestabilidad de las familias, así los jóvenes tendrían la oportunidad de desarrollar su potencial de inteligencia en formas positivas. Y si hubiera una fuerte estructura social orientada a crear personas productivas con igualdad social y de oportunidades, probablemente enfrentarían menos problemas.

La pobreza por explotación es el quinto enfoque, el cual afirma que la gente es explotada por la clase élite. Este enfoque fue desarrollado por Karl Marx y otros que no eran marxistas. Este define que la clase élite controla a la clase obrera, basado en la plataforma económica establecida en la sociedad para que la élite pueda vivir feliz y una vida agradable. La clase élite puede lograr esto pagando bajos salarios a los trabajadores. En el libro los autores sostienen que el sociólogo, Herbert Gans dice, "De hecho, un número considerable de personas pobres trabajan (en 2002, más de un tercio de las personas en situación de pobreza trabajó a tiempo completo o tiempo parcial), pero obviamente no hacen lo suficiente para escapar de la pobreza y las privaciones—. Los autores del libro comentan, —El argumento de Gans es que la pobreza se mantiene con el fin de mantener la vida de la clase élite más agradable. Otro punto importante es que la clase dominante recibe mucho dinero del Gobierno en recortes de impuestos". Los autores del libro también dicen, "Esto se llama "buen negocio", mientras la asistencia a los pobres se llama "Bienestar" (p 99)". Sin embargo, este enfoque implica que es importante para nosotros entender las diferencias entre las clases sociales sobre el tema de la pobreza.

La teoría de la pobreza por estructura es el sexto enfoque, el cual se refiere a que la pobreza es el resultado de la estructura que tiene muchos elementos. En el libro los escritores sugieren, "También se puede considerar la pobreza mediante el estudio de los componentes estructurales e institucionales de la sociedad que fomenten su continuación", (p 100). La institucionalización de la discriminación en nuestra sociedad interfiere con la educación, justicia penal y otras instituciones que sirven para el control y aplicar algunas políticas discriminatorias. En cuanto a educación, en algunos distritos elitistas hay escuelas que tienen más recursos económicos, en comparación con los distritos donde vive gente pobre. Otro ejemplo, es que los afroamericanos y latinoamericanos, son principalmente los grupos que se encuentran en las prisiones basadas en la justicia penal, que los etiqueta como potenciales quebrantadores de la ley.

Es necesario señalar, que algunas corporaciones están moviendo sus negocios fuera de los Estados Unidos, para evitar pagar salarios decentes a los trabajadores que viven en Estados Unidos. Con este tipo de actividades las corporaciones crean desempleo y pobreza entre la clase obrera, principalmente dentro grupos minoritarios.

La pobreza enfocada a la privación puede relacionarse a la pobreza por la estructura que se manifiesta en la falta de alimentos, vivienda, ropa, atención médica y algunas otras necesidades humanas que la estructura de la sociedad no promueve.

La pobreza por la desigualdad es relativamente relacionada a la pobreza por explotación porque demuestra las diferencias de clases. Pero no muestra la influencia de la clase dominante, que se analiza más en la pobreza enfocada a la explotación. La pobreza por la desigualdad sólo está centrada en las diferencias entre la clase baja y clase media en contraste con la pobreza por explotación, que se enfoca cómo la clase dominante está en control de la fuerza laboral y la productividad. Y también se relaciona con el enfoque general de pobreza por estructura que implica que la sociedad está organizada y tiene una superestructura con muchos conflictos políticos, sociales y económicos.

La pobreza por la falta de capital humano está ligada a la pobreza por la estructura debido a que la discriminación contra minorías, es uno de los principales factores para la creación de la pobreza.

La pobreza por cultura está relacionada a la pobreza por privación, desigualdad y falta de capital humano, que funcionan bajo una estructura que limita el desarrollo humano debido a que la sociedad se mueve bajo el concepto de la producción de ganancias. Y no vela por la calidad de vida de la sociedad en su conjunto.

La teoría de la pobreza por explotación contrasta a la teoría por la falta de capital humano; debido a que la pobreza por explotación sugiere que la élite controla a las personas de la clase obrera, solamente porque tienen el capital económico. La clase en el poder se enfoca en producir ganancias sin compartir recursos económicos y sociales a quienes producen sus riquezas. El punto es que la gente quiere trabajar, pero quiere ganar salarios decentes, buenos beneficios y condiciones de trabajo saludables. Pero la clase élite comúnmente no está dispuesta a dárselos. Por lo tanto, los trabajadores se ven obligados a formar sus sindicatos y negociar un contrato laboral con las empresas. Por otra parte, la pobreza por estructura es más específica sobre el tema, podría decir que ésta es relacionada un poco con la pobreza por explotación, debido a que la discriminación es utilizada para definir algunas acciones injustas. Diría que en algunos casos si una persona es discriminada también podría ser explotada.

El enfoque de pobreza por estructura se relaciona con la pobreza por cultura, porque la pobreza por estructura sugiere que las instituciones no proporcionan las oportunidades y tampoco hacen algunos cambios para el desarrollo justo, humano y económico para las personas que lo necesitan. La población de bajos ingresos económicos necesita mejores escuelas, buenos empleos, programas de capacitación de empleos, servicios de salud, programas de desarrollo de vivienda y algunas otras políticas sociales importantes.

Considero que el enfoque más amplio es la pobreza por estructura. Este enfoque abarca de una forma general los conflictos sociales que hay en nuestra sociedad y converge con los otros enfoques de la pobreza por privación, desigualdad, la falta de capital humano, la cultura y explotación.

# BIBLIOGRAFÍA

Arrighi, Giovanni, libro *El largo siglo veinte (Versión, 2010) (selecciones)*

Beck, Ulrich, libro *Sociedad de riesgo; hacia una nueva modernidad (1992)*

Castells, Manuel, libro *El surgimiento de la sociedad de red (2006)*

Davis, Gerald, articulo *El crecimiento y caída de las finanzas y el fin de la sociedad de las organizaciones* (2009)

DiNitto, Dianna M., con Linda K. Cummins, libro *"Bienestar social: política y políticas públicas"*, Sexta Edición

Freud, Sigmud, libros *La interpretación de los sueños, (1890), Psicología de grupos y La civilización y sus descontentos*

Habermas, Jurgen, artículo *La transformación estructural de la esfera pública*

Keynes, John Maynard, libros *La teoría general del empleo, Vol. XXIV (Palgrave Macmillan, 1971), Un Tratado de dinero, (Palgrave Macmillan, 1971) (selecciones), La teoría general del empleo, intereses y el dinero. (Palgrave, 1973) (selecciones)*

Le Bon, Gustave, libro, *La Psicología de las multitudes,* (1898-1899)

O'Connor, James, libro *La crisis fiscal del estado (Transaction Publishers, 2001) (se--lecciones)*

Pieper, Joseph, libros *Ocio, lo básico de la cultura, (1948) y El acto filosófico*

Reich, Robert, libro *Después del Shock,* (Knopf 2010)

San Agustín, *libro Confesiones, Edición Integra, Editorial Ramón Sopena S.A.*

Simmel, Georg, ensayos *La metrópoli y la vida mental, (1903), El secreto y la sociedad secreta*

Wilson, William, libros *Los de abajo y El declive de la significancia de raza*

www.ingramcontent.com/pod-product-compliance
Lightning Source LLC
Chambersburg PA
CBHW020516290526
45786CB00002B/619